中华文化的对外传播研究

贺　娟◎著

吉林出版集团股份有限公司
全国百佳图书出版单位

图书在版编目（CIP）数据

中华文化的对外传播研究 / 贺娟著. –– 长春：吉
林出版集团股份有限公司, 2022.10
ISBN 978-7-5731-2577-4

Ⅰ.①中… Ⅱ.①贺… Ⅲ.①中华文化—文化传播—
研究 Ⅳ.①G125

中国国家版本馆CIP数据核字(2023)第002582号

中华文化的对外传播研究

ZHONGHUA WENHUA DE DUIWAI CHUANBO YANJIU

著　　者　贺　娟
出 版 人　吴　强
责任编辑　朱子玉
助理编辑　张晓鹭
开　　本　787 mm × 1092 mm　1/16
印　　张　8.25
字　　数　180千字
版　　次　2022年10月第1版
印　　次　2023年8月第1次印刷
出　　版　吉林出版集团股份有限公司
发　　行　吉林音像出版社有限责任公司
　　　　　（吉林省长春市南关区福祉大路5788号）
电　　话　0431–81629679
印　　刷　吉林省信诚印刷有限公司

ISBN 978-7-5731-2577-4　　定　　价　68.00元

前　言

　　文化是一个民族的根和灵魂，是一个国家软实力的重要支撑，是可以推动经济社会进步的独特力量。文化软实力事关立国之本、治国之道与兴国之路。在经济全球化、文化经济化时代，文化外交具有经济外交、政治外交、军事外交所不可替代的作用。文化交流与合作，能够促进国与国之间、人民与人民之间的相互理解与认同，为进一步深化多领域的国际合作提供祥和氛围，奠定互信基础。鉴于文化在国际关系中的重要作用，文化外交已经成为国家外交的重要支柱之一。

　　在中国改革开放四十多年的今天，在实现中华民族伟大复兴的征程中，国家在硬实力增强的同时，软实力的提高也迫在眉睫。我们在学习西方文化的同时，也应该传承和传播中华文化。在对中华文化元素符号进行传承和海外传播的时候，我们应该挖掘适应当前新时期、适应新的世界形势的中华文化元素符号，在挖掘传统的中华元素符号的同时，也积极开拓对现当代中华元素符号的研究，实现"积极开拓国际文化市场，创新文化'走出去'模式，增强中华文化国际竞争力和影响力，提升国家软实力"的总目标。

　　中华文化博大精深、源远流长，内涵极其丰富。文化实力和竞争力是国家富强、民族振兴的重要标志。相对于经济迅速崛起的硬实力而言，我国在文化资源上的优势未能体现出相应的文化软实力及其应有的竞争力。文化立国、文化强国是中国崛起的现实需要。党大力倡导提高国家文化软实力，提高文化领域的对外开放程度。当前，如何向世界传播中华优秀文化，包括传统中华文化和当代中华文化，以中华文化软实力提升国际竞争力，更好地塑造文明的东方大国形象，是我们亟待研究的课题。

　　在我国，文化外交早已有之。1949 以来，党和政府也非常重视对外文化交流。在外交工作中，高度重视中华文化的传播，鼓励中外文化交流，把文化外交作为拓展新中国外交局面的重要手段。为了让世界更多地了解新中国，在各种国际交流场合有意识地将民族歌舞、国画、国产电影、传统刺绣等手工艺作品介绍给其他国家和民族，向国外民众展现有着悠久文明历史的中华文化，让世界感受中华文化的魅力。

　　本书在编写过程中，曾参阅了相关的文献资料，在此谨向作者表示衷心的感谢。由于水平有限，书中内容难免存在不妥、疏漏之处，敬请广大读者批评指正，以便进一步修订和完善。

作者
2021 年 2 月

目 录

第一章
中华文化概述

第一节 文化的基本范畴

一、文化的含义

文化的千古魅力在于其带给人类心灵的启迪和深远的影响。文化包含着广泛的知识与根植内心的修养，并可以将之活学活用、代代相传。

（一）文化属于意识形态的范畴

文化，天地万物信息的产生、融汇、渗透的过程，是以精神文明为导向的融汇、渗透，是精神文明的保障和导向。文化是一个非常广泛的概念，给它下一个严格和精确的定义是一件非常困难的事情。不少哲学家、社会学家、人类学家、历史学家和语言学家一直努力，试图从各自学科的角度来界定文化的概念。

传统的观念对文化的诠释：文化是一种社会现象，它是由人类长期创造形成的产物，同时又是一种历史现象，是人类社会与历史的沉淀。确切地说，文化是凝结在物质之中又游离于物质之外的，能够被传承的国家或民族的历史、地理、风土人情、传统习俗、生活方式、文学艺术、行为规范、思维方式、价值观念等，它是人们相互之间进行交流时普遍被认可的一种能够传承的意识形态，是对客观世界感性上的知识与经验的升华。

（二）"文化"一词的解读

"文化"一词在西方来源于拉丁文 cultura，原义是指农耕及对植物的培育。自 15 世纪以后，逐渐引申使用，把对人的品德和能力的培养也称为文化。在中国的古籍中，"文"既指文字、文章、文采，又指礼乐制度、法律条文等。"化"是"教化""教行"的意思。从社会治理的角度而言，"文化"是指以礼乐制度教化百姓。汉代刘向在《说苑》中说："凡武之兴，为不服也，文化不改，然后加诛。"此处"文化"一词与"武功"相对，含教化之意。南齐王融在《曲水诗序》中说："设神理以景俗，敷文化以柔远。"其"文化"一词也为文治教化之意。"文化"一词的中西两个来源，殊途同归，今人都用来指称人类社会的精神现象，抑或泛指人类所创造的一切物质产品和非物质产品的总和。历史学、人类学和社会学通常在广义上使用文化概念。

文化是相对于政治、经济而言的人类全部精神活动及其产品。文化，就词的释意来说，文就是"记录、表达和评述"，化就是"分析、理解和包容"。

文化的含义是社会学与其他人文科学研究的基本问题之一。广义的文化是指人类创造的一切物质产品和精神产品的总和。有的学者把文化分为"物质文化""制度文化"和"精神文化"三个种类。狭义的文化专指包括语言、文学、艺术及一切意识形态在内的精神产品。这是一种更为常用的概念，将文化看作人类所创造的精神财富，也就是将文化定义中的"制度文化"和"精神文化"作为狭义的文化概念，而不包括"物质文化"。

二、不同领域对文化概念的界定

（一）人类学家对文化的界定

"文化"一词尚无统一的定义。在近代，给"文化"一词下明确定义的首推英国人类学家 E.B. 泰勒。他于 1871 年出版了《原始文化》一书。他指出："据人种志学的观点来看，文化或文明是一个复杂的整体，它包括知识、信仰、艺术、伦理道德、法律、风俗和作为一个社会成员的人通过学习而获得的任何其他能力和习惯。"

英国人类学家 B.K. 马林诺夫斯基发展了泰勒的文化定义，于 2022 年出版《文化论》一书，认为"文化是指那一群传统的器物、货品、技术、思想、习惯及价值而言的，这概念包容着及调节着一切社会科学。我们亦将见，社会组织除非视作文化的一部分，实是无法理解的"。他还进一步把文化分为物质的和精神的，即所谓"已改造的环境和已变更的人类有机体"两种主要成分。

用结构功能的观点来研究文化是英国人类学的一个传统。英国人类学家 A.R. 拉德克利夫·布朗认为，文化是一定的社会群体或社会阶级与他人的接触交往中习得的思想、感觉和活动的方式。文化是人们在相互交往中获得知识、技能、体验、观念、信仰和情操的过程。他强调，文化只有在社会结构发挥功能时才能显现出来，如果离开社会结构体系就观察不到文化。例如，父与子、买者与卖者、统治者与被统治者的关系，只有在他们交往时才能显示出一定的文化。

法国人类学家克洛德·列维－斯特劳斯从行为规范和模式的角度给文化下定义，他提出："文化是一组行为模式，在一定时期流行于一群人之中，……并易于与其他人群之行为模式相区别，且显示出清楚的不连续性。"英国人类学家雷蒙德·弗思认为，文化就是社会，社会是什么，文化就是什么。他在 1951 年出版的《社会组织要素》一书中指出，如果认为社会是由一群具有特定生活方式的人组成的，那么文化就是生活方式。美国文化人类学家 A.L. 克罗伯和 K. 克拉克洪在 1952 年发表的《文化：一个概念定义的考评》中，分析考察了 166 种文化定义，然后他们对文化下了一个综合定义："文化存在于各种内隐的和外显的模式之中，借助符号的运用得以学习与传播，并构成人类群体的特殊成就，这些成就包括他们制造物品的各种具体式样，文化的基本要素是传统（通过历史衍生和由选择得到的）思想观念和价值，其中尤以价值观最为重要。"克罗伯和克拉克洪的文化定义为现代西方许多学者所接受。

（二）哲学家对文化的界定

从哲学角度解释文化，认为文化从本质上讲是哲学思想的表现形式。由于哲学的时代和地域性从而决定了文化的不同风格。一般来说，哲学思想的变革引起社会制度的变化，与之伴随的有对旧文化的镇压和新文化的兴起。

从存在主义的角度，文化是对一个人或一群人的存在方式的描述。人们存在于自然中，同时也存在于历史和时代中；时间是一个人或一群人存在于自然中的重要平台；社会、国家和民族（家族）是一个人或一群人存在于历史和时代中的另一个重要平台；文化是指人们在这种存在过程中的言说或表述方式、交往或行为方式、意识或认知方式。文化不仅用于描述一群人的外在行为，文化特别包括作为个体的人的自我的心灵意识和感知方式，一个人在回到自己内心世界时的一种自我的对话、观察的方式。

（三）文化研究者对文化的界定

从文化研究的角度看，文化，即使是意识形态，也不是绝对排他的。观念形态：包括宗教信仰、价值观念、法律政治等意识形态的东西；文学艺术和一切知识成果，代表性的场所为博物馆与图书馆；衣食住行、民情风俗、生老病死以及社会生活的一切方面。

我国海洋文化学者李二和先生在《舟船的起源》和多篇文章中就曾指出：相信随着历史的发展和时间的推移，随着人类更理性地认识事物和探索世界，随着人类在科学文化上的逐步觉醒，人类会把文化辨析得更加清楚，进而从更宽泛的生命文化谱系中更加的获益。李二和第一次将"文化"这个概念引入到更开放、更宽容的生命思维高度，从而更真实地思考和解读文化。作为一种对文化与生命的独特思考现象，已经引起社会各界的普遍关注。

从社会学角度看，文化是智慧群族的一切群族社会现象与群族内在精神的既有、传承、创造、发展的总和。它涵括智慧群族从过去到未来的历史，是群族基于自然的所有活动内容，是群族所有物质表象与精神内在的整体。

上述各种对文化的定义，互有长短，反映了近现代人类学家、哲学家、社会学家等研究人员和学者对文化认识的历史过程。

三、文化释义

文化是人文活动 "文化" 乃是 "人文化成" 一语的缩写。此语出于《易经·贲卦·象辞》："刚柔交错，天文也；文明以止，人文也。观乎天文，以察时变，观乎人文，以化成天下。" 所谓文，就是指一切现象或形象。天文就是指自然现象，也就是由阴阳、刚柔、正负、雌雄等两端力量交互作用而形成的错综复杂、多彩多姿的自然世界。所谓人文，就是指自然现象经过人的认识、点化、改造、重组的活动，亦称为人文活动。

人文活动可以分为两个层次，第一个是认识的层次，第二个是运用的层次。对一切已存在的自然现象加以观察、认识、了解，使之凝结为确定的知识，便是初级的人文活动，也就是《易经》中的 "文明以止" 的意思。这一级的人文活动，其目的与意义是为进级的人文活动做基础做准备。

进级的人文活动便是运用初级人文活动中所凝结的种种知识来为人生服务。这种服务也可以分为两层，一层是单纯为增加生活的方便性而做的，如：民耕田以食、织布以衣、架木以居，以致今日所有的工业产品，都是人利用知识将自然物的存在结构加以改造、重组而运用出来的。这可以说是一种以实用为重点的服务。

至于在实用之上的另一层服务，我们可以称为以彰显意义为重的服务。那就是利用这些自然物或人为加工物为代表与象征，以呈现出一套套人所独具的生活方式。这些独特的生活方式就是所谓礼仪，包括种种法规制度、风俗习惯。例如饮食，除了果腹的实用目的之外，我们还可以同时借以表现精神上的意义。如当与人共食时，通过让食、劝食等以联谊互敬；当一人独食时，借种种自定义的戒规以自律，借特殊食物以怀古。乃至单纯地借食物精美制作、进食的优美仪态以表现人文的丰盛。凡此都足以显示人的生活，实能超越一己的封限而具有无限扩展延伸的意义。这种能指向无限的特质便是人文活动真正的价值所在，所以称为进级的人文活动。这种能赋予一切自然物或人为加工物以意义的活动，是一种有创造性的活动。这种形态的创造便称为 "点化"，一方面点化了人的生命，使人于衣食住行的自然活动中，扩展拓深而顿时具有丰富充实的精神内涵；另一方面也点化了一切被人所用的物，使它在具有自然效用之余，同时也因参与了人的创造活动而成为亦具无限意义的礼物。于是人的自然行为化为礼行，自然秩序化为道德秩序。

人不但能敬人爱人，也能敬物爱物，人物都不在我之外，此即王阳明所谓 "心外无物"，亦即孔子所谓 "一日克己复礼，天下归仁焉"。世界到此合一无外的境界才是一个圆成的世界，而此圆成则是有待于人文活动的点化而后成功的。因此说 "观乎人文，以化成天下"，而约称之为 "人文化成"，或更约称之为 "文化"。

于此，我们乃可约述 "文化" 一词的主要含义，即：它是特指一种进级的人文活动，其目的在点化人的生活及一切生活中所涉及的外物，以使之具有无限的道德意义。

据专家考证，"文化"是中国语言系统中古已有的词汇。"文"的本义，指各色交错的纹理。《易·系辞下》载："物相杂，故曰文。"《礼记·乐记》称："五色成文而不乱。"《说文解字》称："文，错画也，象交叉。"均指此义。在此基础上，"文"又有若干引申义。其一，为包括语言文字在内的各种象征符号，进而具体化为文物典籍、礼乐制度。《尚书·序》所载伏羲画八卦、造书契，"由是文籍生焉"；《论语·子罕》所载孔子说"文王既没，文不在兹乎"，是其实例。其二，由伦理之说导出彩画、装饰、人为修养之义，与"质""实"对称，所以《尚书·舜典》疏曰"经纬天地曰文"；《论语·雍也》称"质胜文则野，文胜质则史，文质彬彬，然后君子"。其三，在前两层意义之上，更导出美、善、德行之义，这便是《礼记·乐记》所谓'礼减而进，以进为文"，郑玄注"文犹美也，善也"；《尚书·大禹谟》所谓"文命敷于四海，祗承于帝"。

"化"，本义为改易、生成、造化，如《庄子·逍遥游》："化而为鸟，其名曰鹏"；《易·系辞下》："男女构精，万物化生"；《黄帝内经·素问》："化不可代，时不可违"；《礼记·中庸》："可以赞天地之化育"；等等。归纳以上诸说，"化"指事物形态或性质的改变，同时"化"又引申为教行迁善之义。

"文"与"化"并联使用，较早见于战国末年儒生编辑的《易·贲卦·象传》："刚柔交错，天文也。文明以止，人文也。观乎天文，以察时变；观乎人文，以化成天下。"

这段话里的"文"，即从纹理之义演化而来。日月往来交错文饰于天，即"天文"，亦即天道、自然规律。同样，"人文"指人伦社会规律，即社会生活中人与人之间纵横交织的关系，如君臣、父子、夫妇、兄弟、朋友，构成复杂网络，具有纹理表象。这段话说，治国者须观察天文，以明了时序之变化，又须观察人文，使天下之人均能遵从文明礼仪，行为止其所当止。在这里，"人文"与"化成天下"紧密联系，"以文教化"的思想已十分明确。

西汉以后，"文"与"化"方合成一个整词，如"圣人之治天下也，先文德而后武力。凡武之兴，为不服也。文化不改，然后加诛"（《说苑·指武》）；"文化内辑，武功外悠"（《文选·补亡诗》）。这里的"文化"，或与天造地设的自然对举，或与无教化的"质朴""野蛮"对举。因此，在汉语系统中，"文化"的本义就是"以文教化"，它表示对人的性情的陶冶、品德的教养，本属精神领域之范畴，随着时间的流变和空间的差异，"文化"逐渐成为一个内涵丰富、外延宽广的多维概念，成为众多学科探究、阐发、争鸣的对象。

"文化"一词，近世以来亦用以翻译英文之 Culture，二者内涵亦略可相通。Culture源于拉丁文 Colere，原意乃指人之能力的培养及训练，使之超乎单纯的自然状态之上。至十七八世纪，此概念之内涵已有相当的扩展，而重在指称一切经人为力量加诸自然物之上的成果。即：文化是指一切文化产品之总和。总而言之，西方观念中之文化较偏于指人文之静态的客观存在，而不太重于指活动的创造义，尤其缺乏中国传统中最为看重的道德教化、精神提升这一重意蕴。

四、文化的层次

因为文化具有的多样性和复杂性，很难对文化给出一个准确的、清晰的分类标准，因此，这些对文化的划分只是从某一个角度来分析的，它是一种尝试。

（一）文化构成划分

对文化的结构解剖，有两分说，即分为物质文化和精神文化；有三层次说，即分为物质、制度、精神三层次；有四层次说，即分为物质、制度、风俗习惯、思想与价值；有六大子系统说，即物质、社会关系、精神、艺术、语言符号、风俗习惯。

文化有两种，一种是生产文化，一种是精神文化。科技文化是生产文化，生活思想文化是精神文化。任何文化都为生活所用，没有不为生活所用的文化。任何一种文化都包含了一种生活生存的理论和方式、理念和认识。

（二）文化级别划分

有些人类学家将文化分为三个级别：

一是高级文化，包括哲学、文学、艺术等。

二是大众文化，指习俗、仪式以及包括衣食住行、人际关系各方面的生活方式。

三是深层文化，主要指价值观的美丑定义、时间取向、生活节奏、解决问题的方式以及与性别、阶层、职业、亲属关系相关的个人角色。

高级文化和大众文化均植根于深层文化，而深层文化的某一概念又以一种习俗或生活方式反映在大众文化中，以一种艺术形式或文学主题反映在高级文化中。

（三）文化层次划分

广义的文化包括四个层次：

一是物态文化层，由物化的知识力量构成，它是人的物质生产活动及其产品的总和，是可感知的、具有物质实体的文化事物。

二是制度文化层，由人类在社会实践中建立的各种社会规范构成。

三是行为文化层，以民风民俗形态出现，见之于日常起居动作之中，具有鲜明的民族、地域特色。

四是心态文化层，由人类社会实践和意识活动中经过长期孕育而形成的价值观念、审美情趣、思维方式等构成，是文化的核心部分。心态文化层可细分为社会心理和社会意识形态两个层次。

五、文化的构成要素

文化是由各种元素组成的一个复杂的体系。这个体系中的各部分在功能上互相依存，在结构上互相联结，共同发挥社会整合和社会导向的功能。

（一）精神要素

精神要素即精神文化。它主要指哲学和其他具体科学、宗教、艺术、伦理道德以及价值观念等，其中尤以价值观念最为重要，是精神文化的核心。精神文化是文化要素中最有活力的部分，是人类创造活动的动力。没有精神文化，人类便无法与动物相区别。价值观念是一个社会的成员评价行为和事物，以及从各种可能的目标中选择合意目标的标准。这个标准存在于人的内心，并通过态度和行为表现出来，它决定人们赞赏什么、追求什么、选择什么样的生活目标和生活方式。同时，价值观念还体现在人类创造的一切物质和非物质产品之中，产品的种类、用途和式样，无不反映着创造者的价值观念。

（二）语言和符号

两者具有相同的性质即表意性，在人类的交往活动中，二者都起着沟通的作用。语言和符号还是文化积淀和贮存的手段。人类只有借助语言和符号才能沟通，只有沟通和互动才能创造文化。而文化的各个方面也只有通过语言和符号才能反映和传播。能够使用语言和符号从事生产和社会活动，创造出丰富多彩的文化，是人类特有的属性。

（三）规范体系

规范是人们行为的准则，有约定俗成的风俗，也有明文规定的法律条文、群体组织的规章制度等。各种规范之间互相联系、互相渗透、互为补充，共同调整着人们的各种社会关系。规范规定了人们活动的方向、方法和式样，规定语言和符号使用的对象和方法。规范是人类为了满足需要而设立或自然形成的准则，是价值观念的具体化。规范体系具有外显性，了解一个社会或群体的文化，往往是先从认识规范开始的。

（四）社会关系和社会组织

社会关系是上述各文化要素产生的基础，生产关系是各种社会关系的基础。在生产关系的基础上，又发生各种各样的社会关系。这些社会关系既是文化的一部分，又是创造文化的基础。社会关系的确定，要有组织保障，社会组织是实现社会关系的实体。一个社会要建立诸多社会组织来保证各种社会关系的实现和运行，家庭、公司、学校等都是保证各种社会关系运行的实体。社会组织包括目标、规章、一定数量的成员和相应物质设备，既包括物质因素又包括精神因素。社会关系和社会组织紧密相连，成为文化的一个重要组成部分。

（五）物质产品

经过人类改造的自然环境和由人创造出来的一切物品，如工具、器皿、服饰、建筑物、公园等，都是文化的有形部分，上面凝聚着人的观念、需求和能力。

六、文化的种类

文化有各种区分方法，或者说有各种不同种类或表现形式。

（一）根据文化的内容划分

根据文化的内容可将文化划分为道德、政治、文学、艺术、教育、科学技术等形式。而文学与艺术，又有着无限丰富的表现形式，诸如诗歌文化、戏剧文化、曲艺文化、音乐文化、绘画文化、影视文化等。还有大量的特殊文化表现形式，如饮食文化、花鸟文化、体育文化、酒文化、茶文化、丧葬及婚嫁文化、居住文化、园林文化、建筑文化、网络文化、科技文化、服饰文化等。

（二）根据文化主要流行或被使用的阶层划分

根据文化主要流行或被使用的阶层可将文化划分为官方文化和民间文化，或精英文化（高雅文化）和大众文化（通俗文化、流行文化）等。当然，也还有商业文化、产业文化等说法。

（三）根据文化的本质划分

就文化的本质而言，可以分为真、善、美三大类。真，是指科学，包括自然科学、社会科学和哲学等。善，是指道德、价值观等。美，是指文学、艺术等。

七、文化的一般特征

（一）文化是在人类进化过程中创造出来的

自然存在物不是文化，只有经过人类有意加工制作出来的东西才是文化。例如，吐痰不是文化，吐痰入盂才是文化；水不是文化，水库才是文化；石头不是文化，石器才是文化等。

（二）文化是后天习得的

文化不是先天的遗传本能，而是后天习得的经验和知识。例如，男男女女不是文化，"男女授受不亲"或男女恋爱才是文化；前者是遗传的，后者是习得的。文化的一切方面，从语言、习惯、风俗、道德一直到科学知识、技术等都是后天学习得到的。

（三）文化是共有的

文化是人类共同创造的社会性产物，它必须为一个社会或群体的全体成员共同接受和遵循，才能成为文化。纯属个人私有的东西，如个人的怪癖等，不为社会成员所理解和接受，则不是文化。

（四）文化是一个连续不断的动态过程

文化既是一定社会、一定时代的产物，是一份社会遗产，又是一个连续不断的积累过程。每一代人都出生在一定的文化环境之中，并且自然地从上一代人那里继承了传统文化。同时，每一代人都根据自己的经验和需要对传统文化加以改造，在传统文化中注入新的内容，抛弃那些过时的不符合需要的部分。

（五）文化具有民族性和阶级性

一般文化是从抽象意义上讲的，现实社会只有具体的文化，如中国文化、古希腊文化、罗马文化等。具体文化受到诸多条件的制约，其中最主要的是受自然环境和人们的社会物质生活条件的制约。如有石头，才有石器文化；有茶树，才有饮茶文化；有客厅和闲暇时间，才会有沙龙文化。文化具有时代性、地区性、民族性和阶级性。自从民族形成以后，文化往往是以民族的形式出现的。一个民族使用共同的语言，遵守共同的风俗习惯，养成共同的心理素质和性格，此即民族文化的表现。在分裂为阶级的社会中，由于各阶级所处的物质生活条件不同、社会地位不同，因而他们的价值观、信仰、习惯和生活方式也不同，出现了各阶级之间的文化差异。

八、文化的作用

人类由于共同生活的需要才创造出文化，文化在它所涵盖的范围内和不同的层面发挥着重要的功能和作用。

（一）整合

文化的整合功能是指它对于协调群体成员的行动所发挥的作用。社会群体中不同的成员都是独特的行动者，他们基于自己的需要，根据对情景的判断和理解采取行动。文化是他们之间沟通的中介，如果他们能够共享文化，那么他们就能够有效地沟通，消除隔阂，促成合作。

（二）导向

文化的导向功能是指文化可以为人们的行动提供方向和可供选择的方式。通过共享文化，行动者可以知道自己的何种行为在对方看来是适宜的、可以引起积极回应的，并倾向于选择有效的行动，这就是文化对行为的导向作用。

（三）维持秩序

文化是人们以往共同生活经验的积累，是人们通过比较和选择认为是合理并被普遍接受的东西。某种文化的形成和确立，就意味着某种价值观和行为规范的被认可和被遵从，这也意味着某种秩序的形成。而且只要这种文化在起作用，那么由这种文化所确立的社会秩序就会被维持下去，这就是文化维持社会秩序的功能。

（四）传承

从传承的角度看，如果文化能向新的世代流传，即下一代也认同、共享上一代的文化，那么文化就有了传承功能。

九、文化与文明的区别

从内容上看，文化是人类征服自然、社会及人类自身的活动、过程、成果等多方面内容的总和，而文明则主要是指文化成果中的精华部分。

从时间上看，文化存在于人类生存的始终，人类在文明社会之前便已产生原始文化，文明则是人类文化发展到一定阶段的产物。

从表现形态上看，文化是动态的渐进的不间断的发展过程，文明则是相对稳定的静态的跳跃式发展过程。

文化是中性概念，文明是褒义概念。人类征服自然和社会过程中的活动、过程和结果是一种客观存在，其中既包括优秀成果，也有糟粕，既有有益于人类的内容，也有不利于人类的因素，它们都是文化。文明则和某种价值观相联系，它是指文化的积极成果和进步方面，作为一种价值判断，它是一个褒义概念。

第二节 中华文化的渊源

一、中华文化起源

所谓文化，国际上没有明确的定论，都是比较文化。我国的文化解释是指一个民族的精神和灵魂，是一个民族真正有力量的决定性因素，可以深刻影响一个国家的发展过程，改变一个民族的命运。

中华文明起源最早可以追溯到远古社会时期。远古社会处于人类历史进程初期，先后经过原始人群、母系氏族社会和父系氏族社会三个发展阶段：原始社会出现在约100万年前的旧石器时代，当时社会的生产力水平十分低下。母系氏族社会的形成距今约四、五万年前的旧石器时代中，由于生产力的显著发展，这时期出现了磁山裴李岗文化、仰韶文化、大汶口文化、河姆渡文化，当时的黄河、长江流域的考古学文化大体处于这一历史发展阶段。距今约5 500年至4 000年前，各氏族部落先后进入了父系氏族社会，以黄河流域的龙山文化，长江流域的屈家岭文化、良渚文化，珠江流域的石峡文化等为代表，这些文化的出现代表了中华五千年文化的初始。

文化是人的社会化。文化社会化、文化人类化、文化民族化，这是文化的本质和发展方向。文化是国家的心脏、民族的灵魂，决定着国家的实力和竞争力，决定着民族的未来和希望，决定着一个人的生存和发展。人需要文化升华和文化连接才能将人凝聚和编织成社会。从这个意义上讲，我们所做的文化事业和文化产业是用文化铸造人的灵魂。

二、中华文化基本特征

中华文化的基本特征就是源远流长、博大精深。

（一）中华文化源远流长

中华文化源远流长，是纵向展示中华文化不同于其他民族文化的特质。世界上的其他古老文明，或中断或湮灭，而中华文明是人类文明史上唯一没有中断并延续至今的古老文明。中华文化是由我国各族人民共同创造的，始终显示出顽强的生命力和无穷的魅力。

中华文化源远流长表现在许多方面，但最具说服力的见证就是汉字和史书典籍。汉字在传承中华文明方面发挥着不可替代的作用，是中华文明的重要标志。史书典籍是中华文化一脉相传的重要见证。中华民族自古以来就十分重视历史经验，重视保存历史资料。

1. 汉字

汉字在世界文化之林是一道枝繁叶茂的亮丽风景，人类进入文明时代的标志，汉字为书写中华文化、传承中华文明，发挥了巨大的作用。汉字今天为中华各族人民所通用，是中华文明的重要标志。

汉字经过了几千年的变化，其演变过程是：

甲骨文→金文→小篆→隶书→草书→楷书→行书

以上的"甲金篆隶草楷行"七种字体被称为"汉字七体"。

中国文字——汉字的产生，有据可查，是在约公元前14世纪的殷商后期，这时形成了初步的定型文字，即甲骨文。得到考古支持的商代甲骨文最早出现在3 300年前，至今共发现了5 000个以上的甲骨文单字，其中可以认识的约有1 700字。甲骨文既是象形字又是表音字，至今汉字中仍有一些和图画一样的象形文字，十分生动。

到了西周后期，汉字发展演变为大篆。大篆的发展结果产生了两个特点：一是线条化。早期粗细不匀的线条变得均匀柔和了，它们随实物画出的线条十分简练生动；二是规范化。字形结构趋向整齐，逐渐离开了图画的原形，奠定了方块字的基础。

后来秦朝丞相李斯对大篆加以去繁就简，改为小篆。小篆除了把大篆的形体简化之外，使线条化和规范化达到了完善的程度，几乎完全脱离了图画文字，成为整齐和谐、十分美观的方块字体。但是小篆也有它自己的根本性缺点，那就是它的线条用笔书写起来是很不方便的，所以几乎在同时也产生了形体向两边撑开成为扁方形的隶书。

汉代，隶书发展到了成熟的阶段，汉字的易读性和书写速度都大大提高。隶书之后又演变为章草，而后今草，到唐朝有了抒发书者胸臆、寄情于笔端表现的狂草。随后，糅合了隶书和草书而自成一体的楷书（又称真书）在唐朝开始盛行。我们今天所用的印刷体，即由楷书变化而来。介于楷书与草书之间的是行书，它书写流畅、用笔灵活，据传是汉代刘德升所制，传至今日，仍是我们日常书写所习惯使用的字体。

到了宋代，随着印刷术的发展，雕版印刷被广泛使用，汉字进一步完善和发展，产生了一种新型书体——宋体。印刷术发明后，刻字用的雕刻刀对汉字的形体产生了深刻的影响，发展成了一种横细竖粗、醒目易读的印刷字体，后世称为宋体。当时所刻的字体有肥瘦两种，肥的仿颜体、柳体，瘦的仿欧体、虞体。其中颜体和柳体的笔顿高耸，已经略具横细竖粗的一些特征。到了明代隆庆、万历年间，又从宋体演变为笔画横细竖粗、字形方正的明体。那时民间流行一种横画很细而竖画特别粗壮、字形扁的洪武体，像职官的衔牌、灯笼、告示、私人的地界勒石等都采用这种字体。后来，一些刻书工人在模仿洪武体刻书的过程中创造出一种非颜非欧的肤廓体。特别是由于这种字体的笔形横平竖直，雕刻起来的确感到容易，它与篆、隶、真、草四体有所不同，别具一格，读起来清新悦目，因此被日益广泛地使用，成为16世纪以来直到今天非常流行的主要印刷字体，仍称宋体，也叫铅字体。

在中国文字中，各个历史时期所形成的各种字体，有着各自鲜明的艺术特征。如篆书古朴典雅；隶书静中有动，富有装饰性；草书风驰电掣、结构紧凑；楷书工整秀丽；行书易识好写，实用性强，且风格多样、个性各异。

汉字的演变是从象形的图画到线条的符号和适应毛笔书写的笔画以及便于雕刻的印刷字体，它的演进历史为我们进行中文字体设计提供了丰富的灵感。在文字设计中，如能充分发挥汉字各种字体的特点及风采，运用巧妙，构思独到，定能设计出精美的作品来。

在秦朝统一中国后，汉字被连续进行简化、整理，逐渐走向规范化。汉字的发展，大致可分为古文、篆书、隶书、楷书四个阶段的演变过程。其中，篆书又有大篆、小篆之分；隶书则有秦隶、汉隶之别。总体来说，楷书形成后，中国文字已基本定型。历史上任何一种新的字体都是经过长期演变逐渐形成的。

在文字出现的早期，象形文字可以表现得不错。可是随着语言的不断丰富，有些语言不能用形象表达了。古埃及人和苏美尔人开始创造一些仅代表发音的符号来记录这些语言，中国人却选择了另外一种解决办法：

会意字，如"日＋月＝明，女＋子＝好"；

表音字，如"阿"，没有任何意义，只表示一个音节；

通假字，如"说—悦"，开始出现于汉字中。

各个时代的中国文字都有着与众不同的独特的民族、民风内涵，中国的文字史里处处深深地镌刻着中华儿女的智慧与勤劳。

文字是一个民族、一个国家历史的痕迹，中国文字的演变是跳跃式的、是华丽的、是耐人寻味的，就如同中国的历史一样。中国人创造中国文字，中国文字也同样引导着中国人前进。

2. 史书典籍

史书典籍是中华文化一脉相传的重要见证。中国史书规模之大、留存之丰，为世界所仅有。

我国的史书卷帙浩繁，种类很多，大致可以分为下列几种：

第一，正史：以纪传体、编年体的体例，记载帝王政绩、王朝历史、人物传记和经济、军事、文化、地理等诸方面情况的史书。如，通常所说的二十四史，除少数是个人著述（如司马迁的《史记》、范晔的《后汉书》、陈寿的《三国志》、欧阳修的《新五代史》）外，大部分正史是官修。

第二，别史：主要指编年体、纪传体之外，杂记历代或一代史实的史书，如《东观汉纪》《东都事略》《大金国志》以及《通志》等史书都属于别史。由此可见，别史实际上是正史类典籍的重要补充部分，犹正史之别支，所以《四库全书总目·史部·别史类叙》中才有"犹大宗之有别支"的说法。由著名学者创作的，有时与杂史难以区分，如《汉晋春秋》。

第三，杂史：只记载一事之始末、一时之见闻或一家之私记，是带有典故性的史书。它不同于纪、传、表、志等体例齐全的正史，也不同于关系一朝执政的别史。它不受体例限制，博录所闻，虽杂荒疏浅，却可弥补官修史书的疏漏与不足，包括家史、外史、小史、稗史、野史、逸史等类别。野史：有别于官撰正史的民间编写的史书。稗史：通常指记载闾巷风俗、民间琐事及旧闻之类的史籍，如清代人潘永因的《宋稗类钞》、近代人徐珂的《清稗类钞》。有时也用来泛指"野史"。按照体例分类：

第一，纪传体：纪传体史书创始于西汉司马迁的《史记》，它以人物传记为中心，用"本纪"叙述帝王；用"世家"记叙王侯封国和特殊人物；用"表"统计年代、世系及人物；用"书"或"志"记载典章制度；用"列传"记人物、民族及外国。历代修正史都以此为典范，如《汉书》。有个别的正史没有书或者志，比如《三国志》。

第二，编年体：编年体史书按年、月、日顺序编写，以年月为经，以事实为纬，比较容易反映出同一时期各个历史事件的联系。以编年体记录历史的方式最早起源于中国。如《左传》《资治通鉴》等都属于这一类。《春秋》是我国现存最早的一部编年体史书。

第三，纪事本末体：创始于南宋袁枢的《通鉴纪事本末》。这种体裁的特点是以历史事件为纲，重要史事分别列目，独立成篇，各篇又按年、月、日顺序编写。现有九部纪事本末体的古籍。

第四，国别体：国别体史书创始于《国语》。国别体史书是一种分国记事的历史散文，分载多国历史，如《战国策》都属于这一类。

按时间和空间分类：

第一，通史：连贯地记述各个时代的史实的史书称为通史，如西汉司马迁的《史记》。因为他记载了上自传说中的黄帝，下至汉武帝时期，历时 3 000 多年的史实。

第二，断代史：记载一朝一代历史的史书称为断代史，创始于东汉班固的《汉书》。二十四史中除《史记》外，其余都属断代史。

第三，国别史：以国家为单位分别记叙的史书，如《战国策》。

另外，还有记载各种专门学科历史的史书称专史，如经济史、思想史、文学史、史学史等。

纪传体史书的体裁：

第一，本纪：按年月顺序编写的帝王简史，以记载帝王的言行为中心，兼述当时的政治、经济、军事、文化、外交等重大事件。

第二，表：用表格的形式谱写人物和事件。

第三，书：有关各种典章制度以及某些自然与社会现象的专编。

第四，世家：用来记载王侯封国以及历史上重要人物的活动。

第五，列传：主要是人物传记。

第六，志：记载《地理志》《乐志》等。志在正史的地位很重要又比较深刻难写。梁朝江淹说过："修史之难，无出于志。"《宋书》的《志序》是一篇不可不读的好文章，概述志的源流和《宋书》志的缘起，也讲到志的撰述之不易。

第七，载记：最早用来指被废黜的帝王之史，而到《晋书·载记》后用来指称那些曾立名号而又被斥为僭伪者的历史记载。

史书未必一定能如实记录历史，而是收集各地事件，再编集成书。

（二）中华文化博大精深

中华文化博大精深是横向展示中华文化不同于其他民族文化的特质。它体现在五个方面：独特性、区域性、民族性、多元性和包容性。中华文化的基本特征也表明了中华文化动静结合的特点。源远流长是动态，展示中华文化的悠久历史；博大精深是静态，揭示中华文化的丰富内涵。

1. 中华文化博大精深的主要体现

（1）独特性

独树一帜，独领风骚。中华文化是独特的，主要表现在文学艺术的独特性、科学技术的独特性。

（2）地域性

一方水土，一方文化。中华文化具有鲜明的地域性，受历史、地理等因素的影响，各地区的文化带有明显的区域性特征。不同区域的文化长期相互交流、借鉴、吸收，既渐趋融合，又保持着各自的特色。

（3）民族性

中华之瑰宝，民族之骄傲，中华文化具有民族性，具体表现在：一是中华民族是多民族的共同体，中华文化呈现出丰富多彩的民族文化。二是中华各民族的文化既有中华文化的共性，又有各自的民族特性，它们都是中华文化的瑰宝，都是中华民族的骄傲。三是各兄弟民族文化的相互交融、相互促进，共同创造了中华文化。各族人民对共同拥有的中华文化的认同感和归属感，显示了中华民族厚重的文化底蕴和强大的民族凝聚力。

（4）多元性

中国有五十六个民族，各民族长期共存，广泛的社会生活和文化交流造就了中华文化的多样性。不同文化体现了各个民族的基本特征，是推动民族文明进步的重要动力。表现在各个民族有很多不同的文化遗产，文化遗产是一个国家和民族历史文化成就的重要标志。具体还表现为各具特色的民族节日，这些节日蕴含着民族生活中的风土人情、宗教信仰和道德伦理等文化优势，是一个民族历史文化的长期积淀；民族节日是民族文化的集中展示，也是民族精神的集中表达；透过各民族的传统节日及习俗，我们可以领略不同民族文化的韵味。

（5）包容性

中华文化具有包容性。包容性涵盖两层意思：求同存异和兼收并蓄。求同存异，就是能与其他民族的文化和睦相处；兼收并蓄，就是能在文化交流中吸收、借鉴其他民族文化的积极成分。

2. 中华文化博大精深的原因

中华文化之所以源远流长、博大精深，一个重要的原因在于它所特有的包容性。维护文化多样性的重要作用，就像维持生态平衡对于生物多样性那样必不可少。尊重文化多样性是发展本民族文化的内在要求；尊重文化多样性是实现各民族文化繁荣的必然要求。每个民族的文化都是这个民族历史发展的产物和人民智慧的结晶，是这个民族生存与发展的精神根基。尊重和保存不同的民族文化是人类生存和发展的基础。中华文化所具有的包容性，有利于各民族文化在和睦的关系中交流，有利于增强对自身文化的认同、对外域文化的理解。

第二章

多元文化背景下的中华文化元素

中华文化历史悠久，中华经典文化符号是中华民族经历几千年发展而来的精华，所以对这部分文化符号必须继承和发扬，特别是在中外文化交流中出现频率较高的文化符号。国外认知度较高的文化符号在汉语国际教育中是最流行的教学内容。例如，上面章节提到的汉字、龙、长城、丝绸、茶叶、瓷器、中餐、中国功夫等传统中华文化符号。当代中华文化符号，是现当代中国社会出现频率相对高的、在改革发展及与世界接触的过程中引起关注的一些文化符号，例如，茅台、水立方、鸟巢等。这些当代中华文化符号对年轻的汉语言、汉文化学习者来说，是全面了解中华文化必须了解的内容之一。"中国文化符号调查报告"的调查数据显示，最具中国文化的符号分别是：汉语（汉字）、孔子、书法、长城、五星红旗、中医、故宫、兵马俑。

第一节 多元文化

随着全球经济一体化进程的发展，中国的国际化成为必然趋势。在全球化的背景下，多元文化越来越被更多的国家和地域关注和接受。多元文化作为一个价值观念，为弘扬中国文化软实力提供了一个新的思路。对这种多元文化并存的研究，表明多元文化在弘扬中国文化软实力的同时，也尊重了其他国家、其他地域的文化，从而提高了中国文化软实力的传播能力。

国际化成为必然趋势。在全球一体化的背景下，世界各国、各个地区的文化都处于一个大的转型中，世界舞台上展现出多民族、各个文化间的交融与碰撞，由原来的文化单一转变为现在的世界多元文化，这成为新时代的总体发展趋势。所谓文化单一，是指在一定的范围内存在某一种单一的文化，并且表现强势。所谓多元文化，是指各个国家之间、各个民族之间、各个地区之间的文化交融、共同存在，并且各种文化间具有一定的文化独立性，具有各自的特点。可以这样说，21世纪是一个多元文化融合的世纪。文化是指一个国家或一个民族在特定的时间内所创造的一个复杂的整体，它是一个区别国家或区别民族的重要特征，包括经济、教育、政治、艺术和娱乐等。多元文化从人类文化开始有记录就存在了，例如，早期的希腊文化、印度文化、阿拉伯文化，中国文化等。历史悠久的中国文化正是通过不断地与其他文化的融合，发展形成今天的中国文化。

在历经四十多年的改革开放后，中国取得了巨大的进步，国家的综合实力得到了增强，在国际上的地位得到了提高。在全球一体化时代，软实力已经成为世界各个势力和各个国家重要的一个展示舞台。一个国家的软实力的提升、对外的传播显得格外重要。中国文化产业是否能够国际化很大程度上取决于多元文化的融合程度。

一、理论依据

文化，这个术语来源于拉丁文"Cultura"，主要意思是指人类创造的东西。在古希腊古罗马时期，文化被理解为人们参加社会生活和政治生活的品质和能力。欧洲中世纪时，文化也为"祭祀"一类的术语所代替。文艺复兴和启蒙运动之后，文化成为与"野蛮""不开化"对立的概念。文化是一个涵盖非常广泛的概念，很多学者都对它进行了定义。英国人类学家泰勒在1871年在《原始文化》中是这样对文化定义的：文化是一个复杂的整体，它包括知识、艺术、道德、法律、风俗习惯，以及人类作为社会成员而后天获得的能力、习惯等在内的整体。威廉姆斯（Raymond Williams）是这样对文化进行定义的：文化包括一个民族的语言、文字、戏剧、电影、音乐、文学、绘画等。文化是一个群体（可以是一个民族、一个国家、一个地域或者是一定的范围内）在经历了长时间洗礼而形成的在特定的时间内对该群体、该民族、该国家或者该地域共有的一系列描述。它包括语言、艺术、价值观、社会制度、风俗习惯等，其中价值观对一个国家的文化软实力极为重要。

二、一元文化

一元文化是指在一定的地域内，社会存在一种文化。从人类的历史发展来看，来自不同国家、不同地域、不同种族的人类相互接触，出现了不同文化系统间的矛盾和冲突。在人类历史的早期，为了解决这样的冲突，战争、武力就成了重要的手段。

三、人本主义

人本主义来自德语中的 Anthropologismus 一词，在词源上可以追溯到希腊文 antropos 和 logos。它起源于14世纪的欧洲文艺复兴，由意大利向欧洲传播。人本主义强调个人为主体，强调的核心是人，主要的概念是尊重人的思想、价值、尊严等。人本主义的本质就是以人为中心，它成为现代西方文化的一个重要因素，也成为多元文化的一个重要理论来源。

四、多元文化

自人类有记录以来，就存在多元文化，例如，早期的希腊文化、印度文化、阿拉伯文化，还有古老的中国文化等。现在的中国文化正是通过不断地与其他文化的融合，发展形成今天的文化。美国在 20 世纪 70 年代末，在经济的全球化以及西方国家的大移民潮的背景下，出现了文化的冲突。在美国，多元文化随着 20 世纪 60 年代美国的"民权运动"而形成，到了 20 世纪 70 年代得到多方位的研究，并且在 20 世纪 80 年代得到了巨大的进步，特别是到了 20 世纪 90 年代，该理论被广泛地运用到教育领域、政治领域等。该理论认为，多元文化是指在一定的地域内，存在几种不同的且相互各自对立的文化。古代就存在不同文化背景的民族和谐共处于一个社会中的现象。例如，古代的埃及、罗马、中国。多元文化是指在人本主义的指导下，尊重每个民族、每个地域、每个人的信仰和思想，多种文化共存。中国的春秋战国时期就出现了文化的多元化。例如，以孔子、孟子为代表的儒家，以墨子为代表的墨家，以老子、庄子为代表的道家，以韩非子为代表的法家，以鬼谷子、苏秦、张仪为代表的纵横家等。全球的不同文化是由不同民族、不同地域、不同国家在经历了长久的历史洗礼后而形成的，所以，在世界范围内我们看到了多元文化共存的现象。

第二节 中华文化符号在汉语国际教学中的构建

一、为汉语言文化的传承和传播提供新视角

普遍观点认为："中国文化教学的目的是让在不同背景下的学习者能够了解中国人的行为、观念并且有效与之沟通。"这是非常重要的一部分，但不是全部。我们认为对外汉语文化教学还有一个目的是提高汉语学习者对中国文化及汉语的兴趣。例如，汉语学习者可以以动画中对中国传统精神深入浅出地表达和对中国文化符号生动灵活地利用发现自己非常感兴趣的内容，无论是功夫还是美食，又或者中国山水，在扩展学习这部分文化的时候必然要涉及本国文化与中国文化之间的对比，汉语的学习自然会涉及一些中国文化其他的内容。文化与文化之间、文化与语言之间、语言与语言之间的相互碰撞和促进，使中国式思维方式逐渐渗透到学习者的生活学习中去，语言学习由此成为一种自发的或是一种兴趣作为学习动机的学习。

二、将影视作品作为汉语国际教育教学的内容分析

以影视作品作为教学活动的媒介，可以丰富中国文化的课堂活动。一般来讲，汉语

学习者学习词语主要有三个途径：词典、教材、教师。前两者往往不包含语境。利用影视作品作为汉语国际教学的内容，可以为学习者在了解中国文化的同时提供语境。同一个生词在不同语境中的运用或者近义词词义之间细微的差别都可以通过影视作品得到直观明了的展示。学习者可潜移默化地获取一部分文化及语言知识。在具体教学环节里，不必再依靠"图片——解释"的方式，教师可通过播放具有中国文化符号的影视作品，让学习者自己总结所看到的中国文化符号，感受影片所要传达的中国思想，教师在总结不足之处后再给予补充讲解。在课堂操练时，可以让学生根据影片的情景对话模仿或改编，进行戏剧表演。让学生沉浸在一个真实出现或者在影片中出现的语言环境中学习文化。学生对感兴趣的内容可以在课后加以扩展，课后还可以给学生留任务，如在日常生活环境中寻找与影片中相同的文化符号。例如，在讲解中华文化符号中的"圆"这个字的时候，可以通过影视作品让学生进行总结，可以给学生布置课后作业，让学生以照片的形式记录下来，回到课堂中展示给大家，并讲述寻找经历和趣事。在完成作业的过程中，势必会涉及汉语言内容本身的学习和操练，也可以感受到最接地气的文化氛围。

汉语教学者应当在教学过程中积累经验，整理总结出中国文化教学的问题；对汉语学习者在学习中国文化时所遇到的语言上的障碍和问题加以总结；在教学中适当融入当代中国文化符号。

在全球一体化的今天，语言的优势常被用来传播一个民族、一个国家的价值观、世界观，所以，汉语国际教育的推广是提高中国软实力的必要前提。从语言、文化教学的效果上看，影视作品中的文化符号可以调动学生的听觉、视觉系统，学习效果显著。适当地通过影视作品进行汉语国际教学不仅可以让学习者学习汉语、了解中华文化，同时可以提高他们的学习兴趣。上文中涉及影视作品对外汉语文化教学的帮助和启示只是简单的分析和建议，作为汉语教师，我们应当发现这其中的价值，反思教学过程中自身的不足之处和问题所在，加以改正，建立多元化、多渠道的汉语言文化教学模式。

第三节　从学习理论看中华文化元素符号

一、学习理论

首先，我们来看什么是学习理论。学习理论作为教育心理学中最古老的研究领域之一，它不仅仅是教育界最核心的领域，同时也是文化符号传播的重要的研究领域之一。对传播来说，学习理论的研究有助于提高符号传播的效果。学习理论是指有关学习的实质、学习的过程、学习的规律以及制约学习的各种条件的理论探讨和解释。教育心理学家形成了各种不同的理论观点，下面我们介绍对外汉语专业教育信息化建设的学习理论。

人本主义心理学认为，在教学中必须尊重学习者，任何学习者的学习是一种源于人的潜能和天赋的高度自主性、自由性的选择行为，所以必须以学习者作为学习活动全过程的中心；教师和学生都需要不断地在学习中获得新的内容。现在国内外教学模式的共同发展趋势，就是越来越重视学生在学习中的主体地位，给予学生充分的自由，让学生自己去发现知识，教师在教学过程中带领学生合力去探索知识。建构主义认为，学习者要真正获得知识，不能仅仅依靠教师、课本的传授，而是自己在一定的真实与现实生活类似的情景下和社会文化背景下，主动地构建知识。这种构建的知识带有学习者的个人方式，带有个性化，带有个体原有的知识结构和特点。认知主义学习理论强调学习是个体的主动性认知结构的过程，学生主动探索才构成学习的主要条件。发现学习是指个体在学习情境中自己探索解决问题的方法。学习过程就是学习者原有的认知结构中的有关知识和新学习的内容相互作用，形成新的认知结构的过程。

二、汉语言文化国际传播理论

对外汉语教学的六大转变：一是发展战略从对外汉语教学向全方位的汉语言、文化国际推广的转变；二是工作重心从将外国人"请进来"学汉语向汉语加快"走出去"转变；三是推广理念从专业汉语教学向大众化、普及型、应用型转变；四是推广机制从教育系统内推进向系统内外、政府民间、国内国外共同推进转变；五是推广模式从政府行政主导为主向政府推动的市场运作转变；六是教学方法从纸制教材面授为主向充分利用现代信息技术、多媒体网络教学为主转变。并根据海外对汉语学习的需求，指出今后要着重做好的六方面工作：一是建设孔子学院；二是推进教材改革；三是加强师资队伍建设；四是大力建设网络平台；五是改革和创新汉语考试；六是加大支持重点国家的汉语教学。在汉语言文化国际传播事业蓬勃发展的大背景下，在指明体制和机制、教学对象和教学类型、教材和教法等转变的同时，也强调了未来的工作重点。但是，仅从对外汉语教学这一层面进行改革，进而推动我国的汉语言文化国际传播事业持续良好的发展是不够的，我们需要发掘更深层的影响因素，加上政府的大力支持和学科的全面建设，才能为汉语国际传播事业奠定坚实的基础，提供足够强大的推进力。

三、汉语言文化国际教育信息化教育的基本假设

在汉语言文化国际教育中运用现代技术，给学生以视觉、听觉的刺激，充分调动学生积极性，激发学生学习兴趣，通过了解中国文化学，开阔中国语言、文字的视野，形成个性化的认知，提高中国语言、文化的使用能力。在现代技术中，主要学习内容要注意以下几点。

（一） 运用虚拟技术，提供给学习者和传播受众以真实的中国生活场景

例如，在教学习者关于商场的某些中文单词时，我们可以通过教育技术虚拟出一个商场场景，展现给学生看，让学生通过视觉、听觉的刺激，从而掌握与商场买卖有关的单词及中国文化，并让学生对场景进行讨论。

（二） 提供给学生具体经验以便他们建构起自己的概念意义

例如，在教学中，通过模拟一场球赛，让学生观看各个球员所在的位置及其职责，在这个过程中让学生也加入球赛中，让他们在教师的指导下讨论每个球员的责任及规则。

（三） 设计课堂任务以鼓励学生间的互动

教师先提出几个问题后，让学生通过合作学习小组讨论课堂上正在学习的中国文学作品。每个小组对事先准备好的问题单做出回答并与全班同学分享他们的结论。

在汉语言文化国际教学过程中，教师以及学校要尽量设计各种方法，创设有利于学生发现、探究的学习情境，使学习成为一个积极主动的"索取"过程，从而充分调动学生自我探究、猜测、发现的积极性。

（四） 需要的功能

将网络、计算机技术、通信技术和校园网环境完美融合，建立适应网络环境下的汉语言文化的教学、学习、评估和管理的网络化教学，建立以"教学为中心""学生为主体"的个性化、交互式的网络教学环境，以期达到现代教育改革创新要求。

（五） 需要具备以下功效

完善的自动测评系统基于网络的远程学习可由网络自动记录学习过程，建立和适当运用这一系统，将会有效改善学生的自我监控能力。可实现专项水平测试和课后练习测试，并提供答案对照、难点解析、成绩入库等工具。完善的自动测评系统不仅能让学生在网上答题，答完试卷后，系统还能通过网络自动提交答卷，再通过网络服务器统一判卷。命题系统应该与测试系统、成绩分析系统有机结合，方便教师出题、考试和成绩分析。为了保证考试安全，系统还应具有断电恢复和容错功能，考试信息不会意外丢失，考试管理系统则能实现如考生报名、发卷、收卷、判卷、考生管理、考生成绩公布与打印等功能。

（六） 通过网络化教学，建立较好的汉语言文化传播交互平台

通过改善网上课堂的互动性，网上交互平台的功能应该包括在线课程学习、在线专题补习、学科答疑中心、兴趣讨论小组、课件管理、教学管理、教师备课、作业批阅、

网上教学交流、网上专家咨询、教学评估等。学生可以随时随地根据自己的需要进行学习，系统自动地记录和统计学习情况。从学生对网络的兴趣出发，借助网络作为载体，以人机对话的方式和友好的界面设计为学习者提供了一个趣味性的中国语言文学学习平台，让学习者排除受外界环境影响带来的心理压力，能够自由、自觉完成预、复习课程。

（七）辅助教师教学系统

能将音频、视频、图片和文本等多媒体素材制作成超文本的多媒体教案；在制作课件时可以上传多种语言的课件，形成本校多语资源库；可在校园网任何一台电脑上上传课件和教案；该系统是开放性的，有助于教师随时丰富教学内容。系统可自动将教学过程中的学习计划、作业、课外学习、考试等各项成绩，自动统计汇总到总成绩中，并能打印成表格，方便老师和学校对学生进行形成性评估和终结性评估。同时，教师也可以通过网络的形式快速布置口语作业，检测结果全部由软件完成，大大减轻教学压力。

（八）提高听说能力，提高学生对中国语言文化的视听能力

以有声读物的方式提供多种语言版本的对外汉语教学教程，跟踪学习者的中国语言文学的学习进度，通过最直观的成绩表方式刺激学习者反复阅读、反复记忆，在不知不觉中改正错误的发音习惯，提高听说语言的运用能力。

（九）开展远程教育模式，提高校园网的应用

校园网的建设为教学改革带来便利和机遇，但是单纯的资源搜索不是唯一的目的，如何将教学与网络相结合，如何利用先进的技术为教与学服务有着更广阔的空间。汉语言文化国际教育的信息化适合校园网及远程教育使用，又完全区别于现在的视频教学，这为教师探索网络教学提供了平台和条件，一旦被视为一项研究成果，在全国都是有影响的。

四、汉语言文化传播信息化建设的意义

与传统的培训和教学相比较，网络环境下计算机支持的对外汉语培训系统和教学系统具有以下优势。

（一）不受时间的限制

通信技术和移动终端设备的发展推动了移动学习的发展，移动学习以其特有的数字化、网络化、多媒体和交互式，以及信息的传递模式的多元化，使学习可以不再受到时间的限制，学习者可以通过移动设备将数字化的对外汉语教学的内容下载。支持这样移

动学习的终端设备，包括 PC 机、手机、学习机、平板电脑等，目前在我国较为普及的是手机、学习机、电子词典。

（二）不受地域的限制

通信技术使网络教学和培训打破了传统教学和培训的地域限制，现在的教育可以进行远程教学，省去了学习者和教育者长途跋涉的辛劳和开支。同时还解决了教育资源的地域分配的不均衡，只要有网络的地方，不管其教育现状和质量的区别有多大，不同地方的人可以享受同等的培训和教学机会，从而缩小教育不发达地区和教育发达地区的差距，实现我国的大教育方针政策。

（三）不受人数的限制

网络教学和培训可以突破传统课堂人数的限制，它可以使更多的人参与其中，极大地提高了教学和培训中人力、物力、资源的利用率，节约了教学和培训成本。世界各地的学生可以通过互联网登录对外汉语学习平台。

（四）资源更加丰富

教学平台应该是开源式的，可以让教师发挥主体性，将课前、课后的情景加到平台。互联网为我们构建了一个非常大的信息和资源库，同时也为人们的学习提供了前所未有的丰富资源。学生可以借助搜索引擎等工具，获得大量的学习资源，在教师的指导下学习中国语言、文化。

（五）将汉语言、文化推广得更好

通过构建全球学习网络，建立几种通用语言版本，建立"全球汉语学习电脑网络"，通过学习者在网站注册登记，并按照要求填写个人需求及信息，让平台通过测评系统建立个性化档案。学习者可以通过使用几种不同语言为中间语的平台，了解中国语言、文化，并检索学习资源、分享经验。

（六）教学形式多样化

与传统的教学和培训相比，网络的对外汉语教育平台的教学形式更加多样，它以现代教育理论为基础，以学生为主，教师起辅助作用，帮助学生自己去构建认知结构。国内学者认为网络学习的形式包括异步讲授型、同步讲授型、协作学习型、讨论学习型、探索学习型、问题教学型、案例学习型、掌握学习型、自学辅导型等，学习形式的多样性充分调动了学习的积极性和主动学习的能力。

以上种种优势表明，利用现代技术建立对外汉语教育信息化平台将会迅速发展，成为人们钟爱的、不可或缺的学习和工作方式。在满足新形势下外语教学改革需要的基础上，构建校园网的语言学习环境。它具有以下功能：网络化教学、自学、备课、作业、考试、辅导、资源库、教学管理与评估以及局域网授课。打造没有时间限制、空间限制的最佳教学和语言学习环境。

五、对以现代技术为基础的汉语言文化国际教育的建议

（一）扩大对教育技术的投资力度

从我国科技项目决策和管理实践看，目前科技计划管理体系普遍引入了专家咨询机制，例如，专家委员会、专家组、论证会等不同咨询方式，在科技决策过程中发挥了很好的作用，但公众参与机制薄弱。随着我国政府职能转变愈加强调公共服务，在全社会对科技支撑与引领发展的需求愈来愈强的情况下，现有科技计划管理方式倘若不进行适应社会发展和市场需求的有效改变，面临的挑战将越来越大。由于绘制技术路线图既可以提高科技决策和管理公众参与的程度，促进决策民主化和管理科学化，又可以将技术专家的意见、企业家的行动协调起来，因此科技管理部门将技术路线图的制定与实施在计划管理中制度化、程序化，可以使技术路线图和计划项目的实际进展有机结合，提高国家科研投入的绩效，增强科技服务职能，满足公共需求。

它是一种方向，笔者有理由相信信息化汉语言文化国际教育会成为学校革新的方向。优势在于利用现代教育技术手段做到了个性化学习，同时帮助了教师在信息环境下对教学的控制。

（二）建立培养从事汉语言文化国际教育的教师队伍，如本科、硕士点

目前，我国的汉语言文化国际教师的培养在北京主要有北京语言大学、中国人民大学、北京第二外国语学院等。各校培养都呈现自己的特色，在对外汉语教师培养专业上都有着自己的科目设置，但还需要专门针对对外汉语教师培养的统一标准，提高对外汉语教师的水平，建立培养教师队伍的硕士点、博士点。

信息化技术为我国的对外汉语教育的推进，进一步推广我国的传统文化及语言以及实现我国的软实力提供了新的发展机遇和新的手段。

文化外交的学理分析

　　任何一个国家都有其特定的外交文化，但并非每一个国家都有其独立的文化外交。从历史唯物主义的角度看，"文化外交是国家和民族的文化交流发展到一定阶段的政治化产物，是外交活动迈向成熟的标志"[①]，是一切外交的基础和内核。这个不断进化的过程大致经历了三个阶段，即文化背景论→文化工具论→文化利益论，中间实现从物本主义到人本主义的两次飞跃后才发展成为现代意义上的文化外交。文化利益论意味着"国家文化礼仪的界定、国家文化安全保障的觉悟、国家对外文化战略的提出与文化外交政策的确立"[②]。只有实现了完全意义上的文化外交，才谈得上文化外交的真正独立。从这个意义上来审视文化外交，夯实文化外交的理论基础，做到大国战略下的文化自觉，对于深化文化外交的研究与实践，进而提升国家的文化软实力以维护国家的文化安全及全面实现国家利益，都具有深远的意义。

第一节　文化外交的概念释义

一、概念阐析

（一）文化

　　广义的文化，是指人类社会区别于动物界特有的掌握世界的生存方式，是物质文化和精神文化的统一体。前面所述英国学者泰勒关于文化的定义就属于这种广义层面。1982 年联合国教科文组织成员国在墨西哥城举行的第二届世界文化大会也从广义的角度把文化定义为："今天，应该认为文化是有特色的各种特征的集合物，无论是精神的还是物质的、理念的还是情感的，它们表现一个社会或社会集团。除了艺术和文字，文化还包括生活方式、人权、价值体系、传统和信仰。

[①]　胡文涛. 解读文化外交：一种学理分析［J］. 外交评论（外交学院学报）.2007（6）
[②]　彭新良. 外交学研究中的一个新领域：关于文化外交的几点思考［J］. 宁波大学学报（人文科学版），2006（7）

狭义的文化，是指人类在改变自然、获取生存和发展、享受所必需的物质生活资料的过程中所获得的精神文化产品，主要包括政治、法律、军事、艺术、科学，以及在此过程中所形成的理想信仰、伦理道德和风俗习惯等。如美国学者克利福德·格尔茨认为，"文化是从历史上流传下来的存在于符号之中的意义模式，是以符号形式表达的前后相袭的观念系统，借此，人们交流、保存和发展对生活的知识和态度"[①]。在马克思主义唯物史观中，也是从狭义的角度来定义文化概念的，文化是同经济、政治、社会一道被看成构成复杂社会有机体的基本要素之一。马克思、恩格斯认为，"观念的东西不外是移入人的头脑并在人脑中改造过的物质的东西而已"[②]。辞海中是这么解释的，"文化，即精神生产能力和精神产品，包括一切社会意识形式：自然科学、技术科学、社会意识形态。有时又专指教育、科学、文学、艺术、卫生、体育等方面的知识和设施"[③]。

（二）文化对国际关系的影响

人类步入全球化和知识经济时代，文化不仅是一种经济资源，也是一种政治资源。特别是 20 世纪 90 年代以来，"政治及军事方面的对抗性减弱，不同民族文化之间的交流、碰撞、磨合的步伐不断加快，国际社会中人们所处的世界和生活越来越'文化化'，文化意识空前高涨"[④]。世界政治进入新阶段，文化将成为全球政治的一个核心要素。

文化全球化丰富了各国的文化，并形成某种程度上的"文化趋同"，但是，文化全球化也刺激了各国的文化民族主义，再加上文化因素反映出一个社会群体价值体系和活动方式的独特性，一国的对外关系中"蕴藏着文化因素"[⑤]。因此，在各国的外交实践中，文化要素正逐渐从幕后走向台前，成为国家对外活动的重要组成部分。此外，文化效应下的国家认同感和民族凝聚力是国家经济社会可持续发展和国家动员能力的重要保障。

因而，各国对文化因素在国际关系中的作用不再是"漠不关心"，而是"主动为之操心"[⑥]。基于文化在国际关系中的地位和作用，以文化为出发点和立足点的文化外交"将成为与政治外交、经济外交、军事外交并重的外交的第四个方面"[⑦]；而且，"在一定程度上，它包含传统的政治、经济、军事外交，成为国家外交中最核心的内涵"[⑧]。可以预期，文化外交将向外交舞台的前沿中心迈进。

① 克利福德·格尔茨.文化的解释 [M].韩莉，译.南京：译林出版社，1999
② 马克思恩格斯选集：第 1 卷 [M].北京：人民出版社，1995
③ 辞海编辑委员会.辞海 [Z].上海：上海辞书出版社，2000
④ 迟殿凤.冷战后美国对华文化外交研究 [D].广州：暨南大学，2008
⑤ 李智.文化外交：一种传播学的解读 [M].北京：北京大学出版社，2005
⑥ 李智.文化外交：一种传播学的解读 [M].北京：北京大学出版社，2005
⑦ 姜秀敏.全球化时代的国际文化关系研究 [D].长春：吉林大学，2006
⑧ 李智.文化外交：一种传播学的解读 [M].北京：北京大学出版社，2005

(三) 文化外交

宽泛地讲，三千多年前就有了文化外交。从有文字记载来看，"铜器时代文化外交已成为人类要求文明进步的一种规则"①。进入现代国际关系体系后，文化外交逐步同经济外交、政治外交、军事外交交相辉映。虽然还有"少量学者并不倡导'文化外交'的提法"②，但已难以掩盖"文化外交俨然成为外交的基本维度或政治、经济、军事之外的第四个方面的新态势"③。尽管如此，目前学界对于何是"文化外交"并未达成共识④。下面，将剖析文化外交的含义、特性及其类型。

1. 文化外交的含义

文化外交，顾名思义，是文化与外交的"联姻"。前面已对"文化"作解读，这里将先行阐述"什么是外交"。关于"外交"的说法各有千秋，如果以"外交"的英文单词"diplomacy"一词溯源，该词源自希腊语"diploma"，意指"君主派出使节时用以证明身份的证书"。现代所讲的"外交"概念起于1796年爱德蒙·伯克用"diplomacy"一词来表达"处理国际交往和谈判的技巧与谈吐"⑤。在中国，"外交"一词的使用比西方早很多，但其意义与今之外交完全不同。古语"外交"是指为人臣者私见诸侯。《国语·晋语》曰："乃厚其外交而勉之，以报其德。"《礼记》云："为人臣者，无外交，不敢贰君也。"《史记·邓通传》言："邓通'不好外交'⑥。"可见，正如英国外交家尼科松所说："如果把外交看作处理一群人与另一群人关系的正常行为，那么，它早在人类有历史记载以前就存在了。其后发展成为任何主权国家为主体，通过和平方式，对国家间关系和国际事务的处理以维护其国家利益的手段⑦"。但对传统中国而言，外交只是个人对外的交往活动而已，以国家的概念来从事处理涉外事务的"外交"，是近代以来民族国家成立之后的事。之后，中国才有了现代意义上的外交行为和外交研究。

据鲁毅归纳，目前为国内学界普遍认可的关于外交的定义是："外交是以主权国家为主体，通过和平的方式，对国际事务和国家间关系的处理⑧。"因此，文化外交应是在这一基础上的自然引申和细化发展。追溯起来，1934年的《牛津英语大词典》首次使用文化外交（Cultural Diplomacy）一词⑨。20世纪40年代后，经美国外交史学家拉尔夫·特纳（Larf Turner）倡导及弗兰克·宁科维奇（Frank Ninkovich）系统阐述，成为现代意

① 胡文涛. 美国文化外交及其在中国的运用 [M]. 北京：世界知识出版社，2008

② 鲁毅、王德仁、杨闯等. 外交学概论 [M]. 北京：世界知识出版社，1997

③ Philip H.Coombs，the Fourth Dimension of Foreign Policy：Educational and Cultural Affairs[M].New York：Harperand Row，1964.

④ 简涛洁. 冷战后美国文化外交及其对中美关系的影响 [D]. 上海：复旦大学，2010

⑤ 王福春，张学斌. 西方外交思想史概论 [EB/OL].(2013-02-11)[2014-08-31]

⑥ 同 5.

⑦ 同 5.

⑧ 鲁毅、王德仁、杨闯等. 外交学概论 [M]. 北京：世界知识出版社，1997

⑨ 缪开金. 中国文化外交研究 [D]. 北京：中国政法大学，2006

义上的文化外交①。

综上所述，其界定的视角要么从文化服务于政治的意义上把握文化外交，要么从政治服务于文化的意义上认识文化外交，要么从实施主体的一元、二元或多元出发，要么从从业者的素质来看，要么从文化不同的表现形式来理解……从中不难发现，文化外交的最佳界定应该包括外交的主体与客体、目标与意义，以及手段与途径等，文化外交是政府、非政府组织和公众等行为体通过教育交流、人员往来、文艺表演及文化产品等途径向国际社会传播本国的思想道德文化、科学技术文化、文学艺术文化和社会风俗文化的，旨在促进国家与国家之间、人民与人民之间的相互理解与信任，构建和提升本国文化软实力与国家形象及实现包括国家文化利益在内的一切国家利益的一种有效的日趋成熟的与政治外交、经济外交、军事外交并重的外交新形式。

2. 文化外交的特性

文化外交作为一种日趋成熟的外交形式，与传统的政治、经济、军事外交相辅相成，目的都在于维护国家利益。但比较而言，文化外交更富于和平性、开放性、诚实性、长期性及依附性等特性。

（1）目标实现的和平性

和平与发展是目前及今后的时代主题。从根本上讲，任何动乱与战争都会给人类造成不可避免的损失。因而，当前的绝大多数国家和人民都期待和平、反对战争。文化外交的宗旨是通过建立和维持国家间的良好关系、人类的相互理解与世界的稳定繁荣来促成国家利益的实现。在具体实施上，文化外交主要是通过开展文化交流项目、签订文化协议、缔结文化条约、互派人员访问等和平手段来达到本国的外交目标。其表现形式比较柔和且丰富多彩，易于为别人所接受，能在满足人们精神享受的同时起到潜移默化、"润物细无声"的效果。因而，文化外交最能体现"使用交涉、谈判及其他和平方式对外行使主权的外交特点，使文化外交成为'外交中的外交'"②。因此，相比于政治、经济、军事等外交形式，文化外交中的和平性体现得更为突出和明显。

（2）项目流动的开放性

文化外交"犹如一条双向车道，通过思想观念和人与人之间的交流，通过学术合作，或者其他努力，来促进各个国家和民族之间的相互理解"③。因而，外交双方注重交往双方的你来我往、互相合作，期望能够相互了解与信任，而不是单边或单向性。如中国到法国、俄罗斯等国举办"中国文化年"，法国、俄罗斯也分别到中国举办"法国文化年"和"俄罗斯文化年"，而且，"文化外交的使者肩负双重任务，既要以自己在教育、社会、文化等方面的身份到海外执行外交任务，也要不失时机地向国内公众介绍别国的情

---

① 李智. 文化外交：一种传播学的解读 [M]. 北京：北京大学出版社，2005
② 胡文涛. 美国文化外交及其在中国的运用 [M]. 北京：世界知识出版社，2008
③ 胡文涛. 美国文化外交及其在中国的运用 [M]. 北京：世界知识出版社，2008

况"①。这样，大多数直接或间接参与文化外交的人就会或多或少地用更加多元、客观的视角去审视自己和自己的国家。对此，富布赖特学者罗诺德·约翰逊曾说："回国后的富布赖特学者常常更加客观地看待美国的文化、重新思考美国社会的实质部分……把美国的故事讲给世界听，同时也将世界的故事讲给美国听②。"这是开放性的第一层意思，即文化外交遵循跨文化传播法则，以双向沟通为基础，注重在交流与互换彼此意向中达成共识③。开放性的第二层意思是指"文化外交的范围和领域广泛"④，其"外交的所指、对象或受体，不只限于国家政府，还包括非政府组织、民间团体或个人，甚至直接面向他国公众和国际社会"⑤。文化外交的这种开放性推动着"政府间的相互理解"⑥。

（3）活动内容的诚实性

诚实性是文化外交的本质属性。美国学者罗伯特·塞尔在一次关于文化外交的演讲时强调："文化外交是通过与某国人民地直接、成功地交流从而达到对此国家人民生活和文化的理解，强调文化外交依据的是直接交流而不是道听途说⑦。"文化外交是一个国家的文化特性在该国外交理论与外交实践中的体现或反映，其目的是通过文化外交活动增进互信，减少误解和冲突，达到相互理解。而诚实是信任的基础⑧。这里所讲的诚实性，是"对文化外交属性的一种历史反思与理想追求。但从文化外交的长远发展来看，诚实性无疑会是未来文化外交的长期追求。

（4）政策实施的长期性

文化外交的使命就是以推动人民与人民之间、国家与国家之间、国家与人民之间的长期信任来维护国家的长远利益。开展教育与文化交流活动就是达成这一使命的最为有效的方式。对外交流的开支是对未来的投资，可以用较少的投入获得巨大的、长期的回报。鉴于文化外交产生效果的相对缓慢与无形，要获得这种长期的回报，需要文化外交使者对本国与对象国有着深刻的认识及全面的了解，而要做到这一点，需要文化外交使者花大量的时间不断地学习、观察和总结，需要文化交流项目的持续进行。

（5）实施方式的依附性

文化外交是一种"通过文化和意识形态的魅力吸引对方"⑨以达到自身目标的外交形式。因而，其目标的实现表现出一定的依附性。一是文化外交这种软实力能否有效实现，很大程度上依附于实施国的经济、政治、军事等硬实力是否能够为其提供支撑。文化外

① 胡文涛. 解读文化外交：一种学理分析 [J]. 外交评论（外交学院学报），2007（6）

② Juliet Antunes Sablosky.Reinvention, Reorganization, Retreat：American Cultural Diplomacy at Century's End, 1978—1998[J].The Journal of Arts Management，Laws，and Society，1999（29）

③ 李智. 文化外交：一种传播学的解读 [M]. 北京：北京大学出版社，2005

④ 罗玉颜. 从《交流》杂志看美国对华文化外交的价值取向 [D]. 广州：暨南大学，2008

⑤ 李智. 文化外交：一种传播学的解读 [M]. 北京：北京大学出版社，2005

⑥ Robert Thayer.Cultural Diplomacy：Seeing is Believing[J].Vital Speeches of the Day，1959（25）

⑦ Robert Thayer.Cultural Diplomacy：Seeing is Believing[J].Vital Speeches of the Day，1959（25）

⑧ 徐小明. 全球化背景下的中国文化外交 [D]. 贵阳：贵州师范大学，2009

⑨ Josephs Nye.Redefining the National Interest[J].Foreign Affairs，1999（7）

交作为一种新型的外交方式，它依靠先进的文化、制度所促成的更为先进的经济、军事水平的吸引力来"说服别人认同和信奉某些行为准则、价值观和政治制度"①，以促成他们产生设想的效果。文化所依附的国家实力，是文化产生对外影响力的坚实物质基础，它对文化具有自不待言的外在证明功能②。二是文化外交中文化弱国对文化强国的依附。"基于世界文化的等差格局及其非均衡的乃至单向的流动态势，世界各国虽然都在不同程度上开展自己的文化外交，谋求实现自身的国际战略目标，但是，不同国家的文化外交水平千差万别。经济水平高、综合国力强的国家，处于文化传播强势，其文化外交的水平就高，成功的概率就大，更容易实现自身的对外战略目标，因而，在国际文化外交的总格局中居于主导地位③。"强势文化通常是信息传播的主体，它掌握着信息流向的主导权。文化形态不同，其位势也就不同。其中处于较强态势的文化"一般总是取得支配权，不断对外输出自己的信息和影响，在文化冲突中居于有利地位，控制着其他文化"④。

二、相关辨析

国家之间的交往由来已久。在文化外交兴起之前，广泛存在着文化交流、对外宣传、公共外交等涉及科学文化教育卫生事业的对外交往形态，而且它们也将继续广泛地存在于当前及以后的国家关系领域，因而，有必要对此作一番辨析。它们之间存在着共同性，如本质上都是最终追求本国的国家利益，使国家利益最大化，但也有着自身的特性。

（一）文化交流

自古以来，国家之间都不乏文化交流活动，特别是 15 世纪后，地理大发现、新航道和资本主义世界体系的建立，使得整个世界日益紧密，交流日益频繁。我国最早开展的对外文化交流可以追溯到西汉张骞出使西域⑤。陆上丝绸之路与海上丝绸之路的开辟与繁荣更是伟大的历史见证，文化交流与学习从未停歇。"不同文化之间的交流过去已被多次证明是人类文明发展的里程碑。希腊学习埃及，罗马借鉴希腊，阿拉伯世界参照罗马帝国，中世纪的欧洲又模仿阿拉伯，文艺复兴时期的欧洲则仿效拜占庭帝国⑥"。文化交流活动频频发生于两个或者多个具有显著的文化源差异的国家或族群之间。

国家间的文化交流早于文化外交，没有文化外交关系的国家之间可能会有文化关系，文化关系的内涵更加丰富、形式更加多样。文化外交源于文化关系，又高于文化关系。

① 迟殿凤．冷战后美国对华文化外交研究 [D]．广州：暨南大学，2008

② 种海峰．简论跨文化传播与冲突的四个规律 [J]．深圳大学学报（人文社会科学版），2010（6）

③ 李智．文化外交：一种传播学的解读 [M]．北京：北京大学出版社，2005

④ 种海峰．简论跨文化传播与冲突的四个规律 [J]．深圳大学学报（人文社会科学版），2010（6）

⑤ 李宝俊．当代中国外交概论 [M]．北京：中国人民大学出版社，1999

⑥ 刘海平．世纪之交的中国与美国 [M]．上海：上海外语教育出版社，2000

文化外交客观上要求组织者、实施者从国家战略角度和国家整体利益的高度，制定外交政策、实施项目和评估活动效果。文化外交注重政治导向、政府的决策地位及其他非政府组织参与者对政府的服从和协助。两者的本质区别在于"文化外交更加突出政府行为主体在对外文化关系中所起的作用"①。

（二）对外宣传

对外宣传是指一国政府针对其他国家开展的政策宣传活动。对外宣传"侧重于向国外公众介绍本国的国情、社会制度、当前政策等，以增进他国公众对本国的了解"②。而文化外交"不仅包括对本国国情的宣传活动，也包括各种各样的文化交流活动。由此可见，文化外交所涉及的范围要宽于人们通常所说的政府对外宣传。

（三）公共外交

公共外交是外交的一种补充形态，旨在处理公众态度对政府外交政策的形成和实施所产生的影响，是"超越传统外交范围的国际关系领域的一个层面，它包括一国政府对其他国家舆论的开发和培植，一国的利益集团与另一国的利益集团在政府体制外的互动，以通讯报道为职业的人如外交使节与国外记者之间的沟通、联络"③，其核心是"告知、接触并影响"外国公众。在外交实践中，公共外交与文化外交既相互联系，又相互区别。一方面，公共外交和文化外交的实施主体都是一国的政府，但"文化外交的实施对象要比公共外交宽泛，它既包括他国的公众，也包括他国的政府，而公共外交的实施对象主要为他国公众"④；另一方面，公共外交的方式涉及政治、经济、科教、文化等多个领域。可见，公共外交与文化外交之间"存在着相互交叉重叠的关系，面向公众的文化外交与文化领域的公共外交就是两者的交集"⑤。随着"国际政治的日益文化化，公共外交将不断趋同于文化外交"，同时随着"国际大众传媒的发展和公众的外交参与度的提高，文化外交将不断趋同于公共外交"⑥，这两者的融合趋势越来越明显。

第二节 文化外交的理论探源

文化外交作为外交的第四个支柱，要探究其理论渊源，自然离不开在其学科的母体"国际关系"中寻找。国际关系作为一门诞生于第一次世界大战前后、发展于二战期间、

① 张燕.从"上海周"看对外文化交流的作用 [D].上海：复旦大学，2009
② 迟殿凤.冷战后美国对华文化外交研究 [D].广州：暨南大学，2008
③ 张燕.从"上海周"看对外文化交流的作用 [D].上海：复旦大学，2009
④ 迟殿凤.冷战后美国对华文化外交研究 [D].广州：暨南大学，2008
⑤ 李智.文化外交：一种传播学的解读 [M].北京：北京大学出版社，2005
⑥ 韩召颖.输出美国：美国新闻署与美国公众外交 [M].天津：天津人民出版社，2000

繁荣于冷战后的学科，其核心的研究对象是国家及国际社会，核心的研究内容是考察战争与和平的机制。现实主义、理想主义、自由主义、建构主义作为解读国际关系学自诞生以来的诸多纷繁复杂的现象的基础理论，同样诠释着文化外交。

一、文化力与文化软实力理论

21 世纪以来，包含科技在内的文化力更是受到各国的青睐。所谓"文化力"，即"以价值观念、宗教信仰为核心的文化，不同于自然资源、军事力量、经济等以实物为特征的有形力量，而是一种以思想、意识、精神为特征的、无形的集体认同力和感召力，这种认同力和感召力往往通过思维、语言、道德信仰及人格魅力等方式表现出来"[①]。随着各民族自我意识的不断觉醒，相对于政治、军事与经济实力，凝结为一国自我认同力和凝聚力，从而为国家集体行为提供精神动力的文化国力在综合国力中的比重将不断增加。文化力的强弱在很大程度上决定着国家在当前及未来国际竞争中的胜负。

"软实力"概念最先由美国政治学家约瑟夫·奈提出。他认为，由"文化、政治价值观和外交政策"所构成的软实力是一国权力的重要组成部分[②]。它不同于基于威慑力量的硬实力，它是"通过劝导他人或追随者认同我方的价值规范和制度安排，进而产生我方所意想的行为"[③]来实现"设置别人政治议程的能力"，以促使他国理解并支持自己的价值观和机制来达到自己所预期的目标。在信息化时代，"软实力正变得比以往更为突出"[④]。作为思想意识的升华、民族精神的凝聚、综合国力的体现，文化在其认同过程中表现为一种软实力[⑤]。软实力的较量如同一个没有硝烟的战场，善于发掘和充分利用国家软实力，将有助于本国国际形象的提升、国际影响力的扩大，以及更大的国家利益的获得。

当前，软实力理论已经深入人心，通过文化上的接触继而影响他国的对外政策已经得到了共识。利用本国文化开展外交活动，就是对这种软实力的运用和实施。作为文化吸引力的软实力，是一个国家综合国力的有机构成内容。"文化软权力作为国际政治中的一种不同于以往的政治、经济和军事等硬权力的国家力量，被众多的国家视为一种新的国家权力资源而在外交领域加以广泛而充分的运用[⑥]"。作为软实力运用的文化外交"既是对国家软实力资源的发掘和利用，又是各国实现其国际战略目标的主要手段和策略"[⑦]。在当前世界各国的外交实践中，各国（尤其是大国）十分注重文化外交的资源——文化软实力的开发和利用，展示自己的文化理念和价值观，以赢得他国公众的理解、同情和支持。这种通过文化吸引力（同化力 / 感召力）而非强制力达到自身的外交战略目标，就

① 缪开金. 中国文化外交研究 [D]. 北京：中共中央党校，2006

② Joseph Nye.Soft Power[J].Foreign Policy，1990（Fall）

③ Robert O.keohane and Joseph Nye.Power and Interdependence in the Information Age[J].Foreign Affairs，1998（9）

④ 约瑟夫·奈. 美国定能领导世界吗 [M]. 何小东，盖玉云，译. 北京：军事译文出版社，1992

⑤ 张亚伟. 文化软实力的价值解读 [N]. 光明日报，2012-03-27（11）

⑥ 王沪宁. 作为国家实力的文化：软权力 [J]. 复旦学报（社会科学报），1993（3）

⑦ 缪开金. 中国文化外交研究 [D]. 北京：中共中央党校，2006

是文化外交不同于政治、经济与军事等外交形式的内在机理。

二、跨文化传播与文明对话理论

文化既有民族性、国别性和地域性的特征，也可以习得、传授、继承、传播和交流。不同文化之间存在独特的个性和同享的共性。异质的个性决定了各民族国家跨文化传播、沟通的必要性，同质的共性决定了各民族国家跨文化传播、沟通的可能性。它们在交流中竞争、在竞争中交流，以实现互鉴式发展，一方面保护和捍卫着自我，另一方面又对异质文化产生不同程度上的认同和吸纳。只要存在着文化势能，跨文化传播与文明对话就时刻存在。德国著名人文地理学家拉采尔（Ratzel，Friedrich）提出了文化位移论，认为造成各民族文化间差异的主要原因是各民族所处地理环境的差异，差异会引发不同文化之间的位移，后人将其发展为文化传播论。美国研究跨文化传播的权威学者拉里·A.萨默瓦（Larry A.Samovar）认为跨文化传播指的是拥有不同文化感知和符号系统的人们之间进行的传播，这种不同足以改变传播事件[①]。这种不同文化之间的推拉性作用引起了处于不同文化圈中，拥有不同文化背景的个人、组织甚至国家之间意识形态、制度、文化方面的沟通与交流。从人类社会历史和不同文化发展的进程来看，文化的生成与发展总是随人类社会发展而不断进行着自身的分化与整合。文化的分化致使不同地区的文化差异发展，并形成各异的文化圈。而文化的整合使得人们在不同的文化传播中相互学习与相互理解，既保持自我文化，又改变自我文化。

伴随着经济全球化、文化全球化与文化本土化的相应出现，国际文化多样性亘古不变，这就意味着"不管你语言的力量有多大，科技的力量有多大，要想在21世纪，乃至22世纪一枝独秀，从这个趋势看，出现的机会不大，一定是各种不同的文明相互和平共处"[②]。塞缪尔·亨廷顿在其《文明的冲突》的第二版序言中特别说明："我强调冲突的危险，正是要为文明对话创造条件，说明加强文明对话的重要性。"汉学家杜维明认为文明对话要遵循两个基本原则：第一个是"己所不欲，勿施于人（恕道）"，第二个是"己欲立而立人，己欲达而达人（仁道）"[③]，这两个原则也是中华文化的精华。费孝通认为，"任何一个文明都是各美其美"，但为了人类的长远发展，各文明之间要"美人之美，美美与共"。为了突破狭隘的富强观念和人类中心主义，需要探讨现代生中的传统问题[④]。"如果"要在全球化的过程中使各种不同的民族文化能够逐渐在不同的背景下生存，就需要通过对话，逐渐发展出生命共同体的意愿；通过对话，大家都具有和平共处的根源意识"[⑤]。日本学者池田大作也认为："文化交流，可以变不信任为信任，变反目为理解……

---

① 齐美尔.社会是如何可能的：齐美尔社会学文选 [M].林荣远，译.桂林：广西师范大学出版社，2002

② 杜维明.全球化和文明对话 [J].开放时代，2002（1）

③ 齐美尔.社会是如何可能的：齐美尔社会学文选 [M].林荣远，译.桂林：广西师范大学出版社，2002

④ 杜维明.文明对话的发展及其世界意义 [J].南京大学学报（哲学·人文科学·社会科学），2003（1）

⑤ 同1.

达到真正持久与和平。"对话不仅是拆除地区与文明藩篱的手段，并且能拓展人的世界观与人类观；通过对话，可以找出彼此的共识，以及分享共识。"对话不仅能孕育生活在同一个地球上的世界市民的创造性文明，更能开启光辉灿烂的 21 世纪 [①]。"

而外交就其运作而言，归根结底是通过具体的人员的人际交往来实现国家意愿的政府间的国际交往行为。这些具体的人员本身就处于不同的文化圈中，并向外传播自身文化或习得他者文化。因此，在一定意义上，外交是通过某些获得外交授权的人士，代表国家（政府）进行跨文化的人际交往。文化与外交的结合就逐渐衍生出了文化外交。文化外交的内容、手段、目标都是文化。所以，文化外交的集中点在于以文化的传播与对话来获得国家的利益诉求。一方面，文化外交的开展离不开跨文化传播与文明对话的力量，传播力的强弱往往决定着文化外交的广度与深度；另一方面，国家自身的文化及其价值观本身所具有的影响力与吸引力是文化外交开展的前提和基础。

三、理想主义与文化国际主义

第一次世界大战的巨大破坏力促使人类反思战争。其中，以罗曼·罗兰、罗素、克罗齐等为代表的英法著名知识分子认识到，在战争中，欧洲的艺术家和知识分子在民族主义的影响下沦为国家的爪牙，其文化活动和精神生活都处于扭曲的状态。这期间，知识分子一度成为战争发动者的帮凶。为了避免再犯同样的错误，他们联合英、德、法、意等国的学者及艺术家签名发表了《知识独立宣言》。该宣言认为，"超越国界的知识分子之间的相互协作与合作行动是十分必要的，并且想通过鼓励精神的自由来构筑和平文化的沟通，从而有效地防止战争的发生。各国间开展文化和学术合作的文化国际主义是促进和平的一个有效途径，文化的沟通、理解与合作是实现和平与秩序的基本前提" [②]。这类理想主义者认为，一旦人类的教育程度提高了，再也不是感性思维而是理性思维，再也不是使用武力去解决问题，而是用协商的办法，那么人类的战争就可以最终消除 [③]。他们"相信进步人士的和平努力和启蒙工作能够奏效，坚信国际关系学者的职责是消除愚昧和偏见，揭示通往和平安宁之路" [④]。

理想主义的外交逻辑强调道德原则、意识形态和宗教信仰等精神文化因素，认为决定国家外交政策的首要因素是文化价值观，而不是物质利益。因此，主张运用道德力量、舆论力量和价值观念的力量去克服国际社会的无政府状态和安全困境，以实现世界的法度、有序与和平。这就产生了原初的文化国际主义。文化国际主义者本着理想主义的精神，重申教育对人性的改造及对战争的遏制作用，积极将自己塑造成具有国际意识的捍卫世界和平事业的"文化人"。"文化人"的构建是文化组织的创建和国际教育文化交流的

① 李自豪.浅谈池田大作的和谐世界思想 [J].改革与开放，2011（1）

② 孔华润.剑桥美国对外关系史 [M].王琛，译.北京：新华出版社，2004

③ 倪世雄.当代西方国际关系理论 [M].上海：复旦大学出版社，2001

④ 王逸舟.西方国际政治学：历史与理论 [M].上海：上海人民出版社，1998

内在动力，文化组织的应运而生推动了文化的国际合作。

文化国际主义者努力将艺术家、宗教领袖及其他知识分子聚集在一起，培养教育能改造人的共识，并致力于实践。第二次世界大战后，面对两次世界大战对人类文明的摧毁，国际主义者更加坚信应该建立一个国际组织来推动国家间的相互理解，促进以教育来培养和平的理念，联合国教科文组织等国际文化教育组织正是在这种背景下产生的。许多国家先后加入这类组织，并陆续成立文化部或国际文化教育局等负责本国对外文化教育交流的（半）官方机构。如德国的歌德学院、法国的法语联盟、日本的国际交流基金会、英国的文化委员会、美国的富布赖特基金会、葡萄牙的卡蒙斯学会、中国的国家汉办及孔子学院（总部）等。文化国际主义者同意"和平的关键在于跨国理解"[①]，相信文化理解与和平运动会在国际秩序中加重文化、知识和心理支撑力量。这种理想主义思维下的文化国际主义思想成为推动文化外交发展的强大动力。这种推动作用主要表现在两个方面：教育对人的改造功能和文化对世界秩序的建构作用；国际社会心存"改造功能"和"建构作用"的信念是文化外交产生和发展的思想基础[②]。

第三节 文化外交的发展机理

文化外交是在全球化时代背景下，文化因素逐渐渗入到国际关系领域并发挥日益重要的作用而形成和发展起来的一种新型的外交机制，是国家和民族的文化交流发展到一定阶段的政治化产物，是文化与外交逐渐走向结合的一种外交新形态或文化交流新业态。依托于文化软实力的作用，文化外交日益受到国际社会的倚重，是当前各国外交活动中的新亮点。深入分析文化外交的发展机理，对于我们进一步认识文化外交及开展相关工作具有重要的意义。

一、文化多元发展奠定文化外交的历史必然性基础

由于各国的文化是一定的民族在一定时空下的社会实践活动的产物，因此，遍布在世界各地的文化都异于其他地方的文化，有其自身的特性。这就决定了文化之间具有相互了解、相互交流的基础。

（一）实践性、时空性和民族性特征使得文化多元并存发展

世界各地的文化多元并存发展是由以下几方面决定的。第一，文化是社会实践的产

① 　Akira Iriye.Cultural Internationalism and World Order[M].Washington，D.C.：The Johns Hopkins University Press，2000

② 　胡文涛．美国文化外交及其在中国的运用 [M]．北京：世界知识出版社，2008

物，并且基于人类的生存和发展需要所产生的社会实践及实践能力的提升是文化发展的根本动力和直接源泉。为了生存和发展，人类必须有目的地持续地认识和改造着自然界，改造着人类社会，通过各种文化活动去创造条件，实现人类自身的世代延续和种族繁衍，推动实现人类社会的持续发展。这种社会实践的进步与人类自身的发展相辅相成、互为促进。随着人类物质生产实践活动的深入和生产力水平的不断提高，人类的生理需求会逐渐得到满足，并开始超越这种需要。之后，人们就会有意愿并且可以腾出更多的自由时间去从事物质活动之外的精神文化创造、创新活动，以满足自身多方面、多层次的需要，逐渐实现"仓廪实而知礼节"的局面。反过来，不断提高的人类素质也会推动人类的社会实践水平。伴随人类社会实践能力的提升，人们又会进一步有条件挖掘出更多的非物质生产时间。有了不断腾出的日益增多的非物质生产时间，就能更好地去创造更加丰富的文化活动。这表明，任何文化内容都是在特定的历史条件下产生的，都是建立在一定的生产力水平之上的，都要反映和体现该历史条件下特定的物质生产方式、交往方式和思维方式。第二，建立在特定社会实践基础上的文化创造及其产物具有一定的立体的时空性。这就是说，文化是一定的时间和空间下的人们社会实践的产物，具有明显的时空性，是时间和空间构建的一个立体想象。离开了一定的时空，就难以谈论特定的具体的文化，或者说，不在具体的时空语境下，去谈论特定的文化就失去了必要的意义，这种特定的具体的文化超越不了产生这种文化的特定的时空性。第三，基于特定的社会实践性和特定的立体时空性，文化具有了特定的民族性。这种民族性往往只存在于某个民族中，为某个民族所独有，并以此能够轻易地区别于其他的民族。也就是说，每个民族都是在一定时空情境下通过自我实践内产生并外化出自己特有的文化形态和个性气质，具有这个民族区别于其他民族的为这个民族所独有的民族性[①]。

（二）文化多元并存使得文化交流互鉴具有历史必然性

任何一种文化都是具体的，而非宽泛的。这一方面会导致世界上出现缤纷多彩的各类民族文化，呈现出文化的多元化发展；另一方面，每一种文化都异于其他民族文化，是独一无二的自我呈现。这是人类社会的客观事实和基本特征。文化的多元性使得文化具有内在价值的平等性和功能上的互补性，而同时文化的独特性使得文化具有内在价值的自由性和功能上的差异性。这就决定了不同文化之间存在进行文化交流互鉴的可能性与不可避免性，文化之间开放包容的学习与借鉴是不可缺少的。纵观人类文明发展的漫长历史，我们可以清楚地看到，任何一种文明都是在与"他者"文化不间断地交往、融通中，获得自身的繁荣与进步。一言以蔽之，正是因为世界各地存在的文化的多样性、差异性、互补性、可对话性、共通性，为异质文化之间的世界性交流提供了必要性和可能性，让不同文化之间需要交流和能够互鉴，推动了世界文化的多元发展和繁荣进步，成就了世界不同文化发展的辩证统一性。

① 张殿军. 和平发展论域中的中国文化外交研究 [M]. 北京：中国社会科学出版社，2013

二、全球化时代开创文化外交新常态

工业革命以来，经济和贸易的全球化使得世界逐渐连成一体，逐渐从一个相对孤立的状态走向一个互相依赖的命运共同体。地球村中各种联系的加强促进了全球各地的民族文化之间或主动或被动地相互接触，并呈现文化全球化的趋势。这种趋势促使各国都不能忽视文化交流与合作的积极价值。

（一）经济全球化伴生文化全球化

世界文化的差异性和多样性为不同文化之间的交流和融合创造了必要性和可能性。全球化让这种必要性和可能性成为事实。马克思主义认为，生产力的状况决定着生产关系的状况，生产力的性质决定着生产关系的性质。生产力发展的不同水平决定着人们交往的不同范围、形式和内容等，影响着人们相互联系及彼此依存的程度。生产力的迅猛发展与资本的全球扩张创造了一个当今时代的最重要特征——全球化。全球化冲破了世界地理的疆域和国家界线的束缚，让全球之间的联系变得更加频繁和紧密，深刻地影响到了全球任何一个地域上的人们的生活。全球化既是目前国际社会的一个基本现实，也是一个愈演愈烈的发展趋势。全球化让世界各民族的民族历史最终演变为世界历史。特别是经济全球化乃至由之决定的文化全球化新常态的到来提供了文化交往的外部条件，经济全球化的进程必然导致文化全球化发展。文化全球化的进行必然带来世界各地不同文化之间频繁地交流互动。"作为'实际生活'的反映和回声，人们的思想、观念、意识的生产是直接与人们的物质交往联系在一起的，人的精神、思想交往并没有完全独立的客观实在性"，它们依赖于一定的社会物质状况。建立在特定物质及其生产基础上的文化交往，必然要接受这种物质交往的规定和制约。世界市场的形成及各民族间相互往来、相互依赖的增强，随之而来的便是精神文化交往、交流的世界性发展[①]。历史由民族历史向世界历史发展，文化由单一民族的文化向世界多元文化融合发展，文化全球化孕育而生。

（二）文化全球化推动文化交流

世界市场的形成和国际分工的发展冲破了不同民族和国家的自然地理限制，将各个民族、各个国家都推向了不可分割的人类命运共同体之中，使之都纳入人类的整体联系和交往网络之中，形成了一个全球一体化的生态。而且不同文化之间的交流与融合将随着单一民族历史向世界历史转变的纵深发展而在全球范围内向广度和深度不断拓展[②]。经济全球化的发展，使得"历史由单个的民族历史向世界性历史的迈进，不断地推动着各种民族文化走向更为广阔的地理空间，各种特定性文化也日益向世界性文化转变。当不同文化及文化符号自由地在全球游动、融合之时，文化的全球化就成为不以人的意志为

---

① 张殿军.和平发展论域中的中国文化外交研究[M].北京：中国社会科学出版社，2013

② 同1.

转移的客观事实"①。由此，文化全球化和全球性文化同时出现。不断向纵深推进的文化全球化，反过来又加速了世界不同文化之间的交流与融合，推动着世界文化的多元化繁荣发展。全球化不仅为文化交流提供了丰富的物质基础，而且使得"人类社会的文化交流达到了前所未有的规模和程度，加速了文化与外交的结合，促成了文化外交的兴起和发展"②。文化全球化是世界联系更加频繁和紧密的结果，同时又反过来推动文化交流的进一步发展。应该说，文化全球化的到来，使得世界各地不同文化之间的交流达到了一种前所未有的崭新境界。

---

① 张殿军.和平发展论域中的中国文化外交研究 [M].北京：中国社会科学出版社，2013
② 简涛洁.冷战后美国文化外交及其对中葡关系的影响 [D].上海：复旦大学，2010

第四章
网络媒介与当代中国文化

互联网的诞生与发展，为人类社会带来了巨大的变革。这种变革首先体现在科技层面上，网络延展了人类的生物能力、减弱了环境的物理限制。"各种先导技术不再有异化作用，媒介是人感知信息后处理信息的延伸，并且不同的技术会影响人类感知的结构。轮子是脚的延伸，衣服是皮肤的技术投射。书是眼睛的派生物，广播是耳朵的技术表达[①]"。虽然当今的社会还没有达到科幻小说中将一切芯片植入人体、机器与人共生共存的地步，但是大量的电子设备已经成为人类外骨骼一样的存在，让人类的视觉、听觉、嗅觉、味觉、触觉能力都大大延伸。人类身体和精神可以触及的时空也越来越广阔。

对于中国而言，这种变革突出体现在经济层面上，第三次全球科技革命、互联网的广泛使用，给予了中国弯道超车、后来居上的机会与可能。中国的互联网 1.0 时代，门户网站信息涌动，论坛聊天各抒己见，网络让知识传播与信息交流的成本大大降低，人才成长和观念革新的速度大大加快，可谓中国网络的"基建时代"。到了互联网 2.0 的社交时代，人们不再满足于被动接收信息，而是人人都想成为信息的主动发布方、传播方。社交平台如雨后春笋纷纷涌现，即时聊天软件取代了传统沟通工具。随着智能手机的普及，互联网进入 3.0 移动时代，借由"移动"的特性，虚拟空间与现实生活的藩篱被打破，"互联网 +"的形式开始重新建构生活方式与资本体系。因为传统的资本主义信用模式在中国的发展孱弱，使得互联网带来的革新减少了阻力。中国网络进入了应用导向的"创新时代"，移动支付、共享经济、人工智能、互联网金融……中国借助"互联网 +"创造的新型产业模式，不但为自身经济提供了助推动力，也为世界经济模式提供了新的资源。

网络媒介成为当代中国文化传播的基本载体，也成为体现文创理念的重要技术。把握网络时代的文化认知模式，才能创造更多样更丰富的网络文化产品，实现网络文化的价值引领。

[①]　麦克卢汉 . 理解媒介：论人的延伸 [M]. 何道宽，译 . 北京：译林出版社，2011

第一节　网络时代下的文化认知模式

经济基础决定上层建筑，互联网在文明层面上深刻影响了当代中国文化。这种影响并不只是内容层面上的，源于互联网带来海量信息，文化内容的更新速度是有史以来从未有过的，而能够沉淀下来的文化内容比例也就相应减少。在这些内容的更新与迭代中，有其背后的逻辑与机制，在大浪淘沙中逐渐稳固。

互联网重新建构了中国人对文化特别是中国文化的表达形式、认知模式与传播方式，在对中国传统文化的批判性扬弃和创造性转化、对中国社会现实的敏感体认和理性反思中，逐渐融汇成了当代中国文化。

正如麦克卢汉"媒介即信息"的论断，媒介不仅是用来承载内容的，一种新媒介的出现会为人类创设出一种全新的生活环境和存在方式，使人类的精神活动与日常行为发生显著变化。互联网作为一种新媒介，一方面促使当代文化在表达形式上日趋大众化、日常化、碎片化，另一方面，表面的琐碎并不意味着人们放弃了社群生活与宏大叙事，而是人们以"数据库思维""数字形式"将其以全新的认知模式进行处理。基于此，当代中国文化逐渐形成元素、脉络、机制、价值观的四级递进传播，以创新的传播方式，促进媒介变革下吸纳传统、开拓新图的中国当代文化向阳而生。

一、表达形式：大众化、日常化、碎片化

根据中国互联网络信息中心发布的第 43 次《中国互联网络发展状况统计报告》，我国网民规模已达 8.29 亿，普及率达 59.6%[①]。网络的普及将知识生产、信息发布的门槛逐步降低，文化的表达主体，从五四时期启蒙运动、20 世纪 80 年代再启蒙运动中，精英把握话语权的"我说你听""我启你蒙"，演变为大众在全新话语空间中众声喧哗、高度互动，来自不同年龄与阶层的人们共同参与到当代文化的建构之中，令当代中国文化的"大众化"色彩更加鲜明。

在此基础上，移动通信设备与技术的普及，则让文化表达突破了时间和空间的局限，伴随着表达主体的下移和表达频次的上涨，日常生活成为表达对象。中国手机网民规模达到十多亿，网民通过手机接入互联网的比例高达 98.6%[②]。随身携带的"媒介"，捕捉着普通人的日常事。当代中国文化的"书斋气"变淡，"烟火气"渐浓。

如果说表达主体的大众化和表达对象的日常化仍然是"滑动的变化"——这些改变发生在既有的选项之内，并非在此前中国的文化历史中不曾出现，那么基于大众化与日常化，当代文化的"碎片化"，则是伴随着信息爆炸而出现的新特征。这一特征之所以关键，是因为它不仅是文化内容的呈现形态，更与文化产品的生产机制密切相关，并且

---

① 中国互联网络信息中心.第 43 次中国互联网络发展状况统计报告 [R/OL].（2019–02–28）[2019–04–16]

② 同 1.

伴随着当代诸多创新、优质的文化成果，逐步沉淀并固定下来，进入历史之中。

从文学领域来看，网络文学异军突起，成为中国乃至全球范围内"风景这边独好"的新文化现象。网络文学经过 20 年中多次的自我迭代，形成了以起点中文网为代表的"超长篇"与"微叙述"的创作模式。在网络媒介上，作品从作者到读者的传播速度近乎即时，作品的创作过程不再是作者一人的苦心孤诣，而是以作者连载、读者追更的模式，形成了高频的互动。读者对网络文学的喜爱与需求，一方面是在内容上，希望满足读者最基本的消遣放松诉求；另一方面则是形式上，每天固定时间都有新的连载章节，读者在此与作品中的人物一起经历跌宕起伏的人生历险。奇情故事为庸常生活带来新意，庸常生活又促使读者投入奇情故事，最终形成高黏着度。

在网络文学作者、读者、网站的反复调整与反馈之后，形成了目前中国网络文学的普遍运行方式：每次更新 3000 字左右，每日更新 1~2 次，一日内容包含一个情节冲突或小型高潮，或者用行话来讲，就是每天都要有"梗"，这就是"微叙述"；每部作品连载 1~2 年，最终篇幅 200 万 ~300 万字，"超长篇"加"微叙述"，与中国网络文学独创的付费订阅生产机制相配合，成为目前网络文学的主流创作模式。

在视听领域，随着网络基础设施的广泛建设，由城镇到乡村的"最后一公里"逐步打通，移动流量资费大幅下降。从"文字时代"到"图片时代"不久，立刻进入"视频时代"，并进而到"短视频时代"。截至 2018 年 12 月，我国短视频用户达 6.48 亿，一般视频用户规模达 6.12 亿①。这意味着，短视频的用户数量甚至是一般视频的用户数量的 105%。在媒介变革的跃迁中，受众数量不但没有损耗，反而形成倒挂式增长，这一现象格外值得关注。

网络时代视听领域的文化生产中，"片长"变为"时长"，提供的与其说是一个封闭地完成了的作品，不如说是"某一（时间）分量"的原料：受众不再是被固定在影剧院或电视机前被动地进行观看，进入创作者设计好的线性叙事之中，而是一手把控屏幕，一手把控进度，随时可以快进、后退、点赞甚至退出，利用现代性的科技媒介，进行后现代的二次创作与拼贴。在有限的时间内，创作者和接受者不断在进行创意的"太极推揉"，双方争夺的不再是对一个视听作品或优或劣的整体评价，而是对作品内部每一个创意"节点"的演绎与归属，这也就让视频从"不断短"到"更加碎"。

在游戏领域，智能手机的普及让移动游戏迅猛发展，中国移动游戏实际销售收入占中国游戏市场的比例在近些年间已经由 5.4% 上升至 62.5%②。移动游戏以手机作为主要载体，以通勤途中、工作闲暇作为主要场景，快感体验主要来自快进快出的回合式对抗比拼，每局平均时长基本保持在 10 分钟以内。手游的流行改变了游戏产业的整体格局，与个人计算机时代追求对战复杂、画面精美的"史诗大作"式"重度游戏"相比，好上手、

---

① 中国互联网络信息中心 . 第 43 次中国互联网络发展状况统计报告 [R/OL].（2019-02-28）[2019-04-16]

② 中国音数协游戏工委、CNG 中新游戏研究、国际数据公司 .2018 年中国游戏产业报告 [M]，北京：中国书籍出版社，2018

易操作、重趣味的"轻度游戏"开始更受青睐。

在媒介信息领域，"媒介即信息"的影响，在媒介变革时代愈加凸显，因为技术领域的革新带来的是文化领域从生产机制到内容产品的改变——我们无法轻易对这些改变做出定论，一方面，文化自我发展和演进的过程被外因强势打破，另一方面，这一因技术而重组的过程又为诸多处于边缘位置的小众文化提供了弯道超车、进入主流的机会。

在这种特殊的时刻，想要抵御技术对文化的冲击，从而在文化的发展中把握方向，麦克卢汉强调了艺术家的价值，"所谓的艺术家在各行各业都有。无论是科学领域还是人文领域，凡是把自己行动的和当代新知识的含义把握好的人，都是艺术家。艺术家是具有整体意识的人"①。艺术家能够打破技术与艺术之间的壁垒，模糊高雅文化与通俗文化之间的界限，不囿于过往文化传统的限制和今日技术权力的施压，没有淹没在碎片之中，而是在碎片的洪流中，产生了整体意识的人。换言之，当代文化现象的碎片化特征，需要整体化意识带来应力，重新达到新的平衡。在移动互联网时代，艺术家既需要具备整体思想能力，又需要具备碎片生产能力，更需要将两种能力有机结合的能力。

二、认知模式：电子时代的"数据库思维"

当代中国文化的碎片化特征明显，大众文化及其消费的个性化和私人化日渐突出，但与此同时，我们也能很容易地感受到，个体的凸显并不意味着集体的衰退。媒介变革中，人与人之间的联结从血缘关系、地缘关系逐步转变为趣缘关系。正如麦克卢汉提出的"文明演进三阶段论"描述的那样，人类经历了口头传播时期的部落化、文字印刷时期的去部落化，进入当今的电子传播时期，重新进行再部落化。虽然在日常生活中，看似独居的人越来越多，但是在网络空间中，各种各样的小圈子、小"部落"却生生不息。社群生活以"脱实入虚"的方式在新时代中延续，并且基于"趣缘"的结合，让文化的创造更加生机勃勃。

基于网络空间而产生的当代中国文化种类繁多、数量庞大、迭代迅速，一方面让人难以把握，另一方面又让人难以忽视。说它"难以把握"，是因为以趣缘结成的这些圈子与部落，内部都基于自身文化脉络形成了一套自己的"规矩"与"黑话"，这是他们的生态体系与话语体系。因此，对于不同部落的成员来说，即便同为电子文明的原生一代，也可能并不熟悉对方的文化，对于从印刷文明过渡到电子文明的上一代人来说，就更加难以把握了。

说它"难以忽视"，则是因为由此生产的文化成果，已经在无声无息中渗透到生活的方方面面。最明显的一点就是，很多网络的流行词汇，都会经历从线上爆红到线下流行的路径，通过官方媒体、主流媒体的使用，由小众进入大众、"亚文化"变得"主流化"，更有部分词汇经过时间的检验，最终沉淀下来，成为当代日常生活用词的一部分。

---

① 麦克卢汉.理解媒介：论人的延伸 [M].何道宽，译.北京：译林出版社，2011

如果完全回避网络媒介环境下的当代文化及其生产机制，就会与时代的文化隔离。

这个"两难"提示我们，滚滚浪潮一般不断涌来的各种当代文化现象、社会事件与新鲜词汇，看似如同碎片，让人无从捕捉，但其实每一个网络热点、流行词汇背后，都有一个文化部落作为支撑、都有一套文化体系作为土壤。这些现象与词汇之间，存在着千丝万缕的内在联系，存在着横向的制约辩驳与纵向的代际更迭。

事实上，同一趣缘社群中的成员，以"黑话"作为暗号，不但可以迅速识别出彼此的社群身份，而且可以激发出强烈的感情。这种感情既是源于社群关系带来的认同和归属，也是源于文化内容带来的快感和满足。

东浩纪在论述御宅族的文化消费时指出，"（他们）并非单纯消费作品（小故事），也并非其背后的世界观（大叙事），更不是故事设定或是人物（大型非叙事），而是更深层的部分，也就是消费广大御宅族系文化的资料库"[1]。电子时代中，人们对文化的认知已经不再是作为整体性叙事来记忆，海量的信息生产中，通常会有其些碎片被反复使用、不断拼接、进入多个叙事之中，这些高频使用的碎片就成为"元素"，它们通常关联的语境、次高频碎片，共同构成了这一元素所在的资料库，也即数据库。人们对文化的吸收和处理，在媒介变革时代中，是以数据库思维逻辑来对碎片进行编码和存放的。

因而，当代文化的表达形式虽然是碎片化的，但是人们并非直接与这些文化的碎片产生关系，而是在认知过程中，通过这些作为元素的碎片，激活了对应积累的数据库，在"复习"与"重组"中满足了自身对文化的需求，并且在这一过程中，识别出共享同一数据库的社群同伴，获得了认同和归属。"整体化意识"不再是将文化本身视为一个固定不变、完整内洽的雕塑，在传递的过程中追求尽量减少损耗，而是体现为"数据库思维"，也即将文化作为一套可以拼接的积木。对于熟悉的人群来说，这套积木具有统一风格和标准图纸；对于不熟悉的人群来说，这套积木也允许多种方式的组合与摸索。"整体"成为逻辑上的规则，而非形式上的规约，"碎片"与"整体"的关系，借助"数据库思维"的认知模式，在余裕的缝隙间，构成了更加有机的关联。

三、传播方式：从元素到价值观的四级递进

理解媒介变革后的当代中国文化逻辑，也就可以对当今大众文化与文创领域许多现象产生更加清晰的解读。

以 2013 年为界限，北京故宫的周边产品制作非常明显地分为两个阶段，前一阶段中，停留在"旅游纪念"的产品，沿袭的是印刷文明中的机械复制逻辑，追求无损地传递作品的整体形象，因而无论是明信片上的故宫风景，还是模型呈现的微缩宫殿，都是高度具象化、无法被拆解的存在。后一阶段中，具有一定文创理念的"文创产品"不断出现，逐渐转换为网络文明中的数据库思维，以点到为止的局部呈现，用元素打开受众对中国

---

① 东浩纪.动物化的后现代：御宅族如何影响日本社会 [M].褚炫初，译.台北：大鸿艺术股份有限公司，2012

文化这一数据库的感知，充分唤起受众在理性知识与感性情绪上的互动。

在当代社会，公众对本民族文化的喜爱，不再是需要整幅《千里江山图》的复刻，而是指尖甲油的一抹青绿。这个"碎片"所能激活的除了《千里江山图》的原文本，还有每一个体围绕这一文本所产生的知识网络、情感体验、人生经历。通过心理学的格式塔完形思维，人们与碎片之间产生了主动且深层的互动。鲍德里亚认为，在"仿真"的历史谱系中，有"拟像三序列"：第一阶段是遵循自然价值规律的"仿造"，主导了从文艺复兴到工业革命时期的制造，以手工制作追求对自然的模拟、复制和反映；第二阶段是遵循市场价值规律的"生产"，主导了工业时代的制造，大机器制造取代手工制作成为主流，受到资本主义市场经济规律和价值规律的支配，制造的规模扩大，盈利成为最大诉求；第三阶段则是遵循结构价值规律的"仿真"，这是我们当今被电子文明和代码符号所主宰的世界中产生的特点 [①]。

"仿真"创造出的拟像，是一种"超真实"的存在。在传统的表现手法中，无论是现实主义还是现代主义，都是对既有实体直接或变形式地再现，但在文创理念中，文创产品不再是对某个实体的模拟，而是追求"不像之像"，追求"局部中的整体"，通过碎片式的符码，通过人们的思维建构，打造出多样性的新的形象。这些形象尽管与仿真对象有很大差异，但与主体的紧密程度却是前所未有的，主体对其是坚信不疑的，是有情感融入的，因而这也成为后现代传播中"超真实"的存在。

媒介变革下的当代中国文化，正处于"仿真"之中，虚拟与真实、原创和重构之间的界限被模糊，人们遵循新的文创规律，在数据库的元素之中，左右游弋、相互融合，不断创造新的文化。在这个逻辑中，焕然一新的故宫文创如是，红红火火的 IP 开发如是，潜移默化的国货国风亦如是。

因此，当代中国文化的传播应当遵循从元素、脉络、到机制、价值观的四阶段递进式传播。人们日常处理的各种文化现象与事件的碎片是元素，其诞生的文化资源土壤、牵涉的数据库是脉络。元素的广泛传播，目的是唤醒受众已有的文化记忆，共享所缺的文化资源，将这一元素背后的数据库传递到更多社群之中。而当代中国文化的面向海外的竞争力，除了将文化内容作为世界文明的新鲜血液，更值得关注的是将当代中国文化在媒介革命中的生产机制，作为全球进入网络时代进行文化生产的一种范式。

一方面，中国网络文学不仅在 IP 创作、内容生产上打通了海外传播的渠道，其独创的付费阅读体系同样已经被美国、加拿大等多个国家的网络文学网站模仿。网络文学的阅读付费体系不是简单将传统报刊类连载订阅模式电子化，而是基于网络文学"超长篇"和"微叙述"的创作模式，建立起的一整套全新的付费体系和运营逻辑。网络文学每次的更新在 3 000 字左右，千字 3~5 分钱，对于一般读者而言是价格非常低廉的消遣，这部分是"稿费付费"；如果每天看 1~2 次更新不过瘾，希望作者加更，或者看到酣畅淋漓处，非常希望向作者表达自己的喜爱，就可以购买鲜花等道具，价格在 50~100 元，能够成功

---

① 　尚·鲍德里亚.拟仿物与拟像[M].洪凌，译.台北：时报文化出版企业股份有限公司，1998

筛选出粉丝读者并满足他们的需求，这是"道具付费"。通过"稿费付费"和"道具付费"，能够成功将受众群体的黏性程度量化，在需求满足和增值服务上实现阶梯化标准。

另一方面，对于新入门、未成名的作者，或者作品风格相对小众、专注探索的作者，网络文学网站在判断作者较有潜力并签约后，每月会提供几百元到几千元的"保底收入"；如果能够保证每天更新，每月还有几百元"全勤奖励"；网文篇幅较长、连载不易，如果能顺利完结、没有烂尾，还会提供"完本奖励"。对于已经成为具有行业号召力的作者，网文网站不但在稿费、道具分成比例上另行约定，还会在本站之外的其他渠道的收入进行分成，并且积极推动作品 IP 的影视、动漫、游戏改编，将网文作者进行明星化包装，实现 IP 全版权开发。通过"下有保底"与"上不封顶"，网络文学于横向拓展了自身的影响力，充分将优秀资源进行最大化开发，吸引优质作者持续生产；于纵向则保证了潜力新人不断进入、有充分的试错和成长空间，为受众口味的更替积累资源、作好准备，从而让网络文学的生态成为一个层次分明、有机循环的整体。

事实上，中国网络文学的蓬勃发展不是一时的爆红，而是长期的积累，其背后是一整套生态体系、生产机制的支持。而从东南亚到欧洲、北美，无论是翻译中国网络文学，还是模仿中国网络文学进行本土创作，都不可避免要借鉴这套付费阅读机制。这是不同于 IP 输出影响力的机制输出，它意味着在网络文明中进行的文学创作，在全世界范围内，中国都将掌握一定的立法权。

作为网络时代影音传播的新形态，短视频的走红同样具有生命力。抖音海外版 Tok 作为新型短视频社交平台，也在全球各地的 App 下载量上荣登榜首。海外版的 Tok，由各国的用户自发在其上展示本国本土的内容，它之所以能获得不同文化背景用户的喜爱，是因为它所基于的坚实的算法技术和生产机制。

通过消重机制，控制平台内容原创、模仿与搬运的比例，保持原创带来的生命力，调节模仿形成的影响力，减少搬运带来的重复性。通过审核机制，在机器审核和人工审核两个环节中，检查视频是否存在敏感信息、广告推广，保证平台上的内容合规合法、平台 up 主的变现途径相对集中。通过特征识别机制，根据视频内容和标题，对其进行标签标记，匹配相关受众人群。通过推荐机制，系统以从少到多的分批推荐、反馈检测的方式，不断优化推荐效果。最重要的是，通过人工干预机制来进行优化修正，一方面在休闲娱乐领域指导机器不断靠近受众的准确需求，另一方面在重大新闻事件中也对受众接收的信息进行纠偏，减轻带来信息茧房效应。通过这五个部分，形成一整套内容分发机制，因而无论面对的是哪个国家的用户、哪种文化的内容，都能够顺利对接。

这些当代文化领域对外传播的成功案例，都充分展现了当代中国文化在生产机制方面所具有的独创性和竞争力。而元素、脉络与机制，在更加宏观的层面来看，同样是局部与片段，是相对于价值观这一大数据库的"元素"或"子数据库"。它们的传播，最终是为作为整体意识的中国当代文化价值观打造载体，让中国文化以适应网络时代的方式，更加多样而创意地播散全球，为媒介变革后的人类新文明作出中国贡献。

第二节 推动网络文化的价值引领

尼尔·波兹曼认为："有两种方法可以让文化精神枯萎，一种是奥威尔式的——文化成为一个监狱，另一种是赫胥黎式的——文化成为一场滑稽戏①。"在网络文化中，这两种现象都清晰地展现出来，前者源于算法技术的普及，网络使用行为受到后台监控并精准提供重复性内容，导致文化的单一；后者源于娱乐至上的潮流，网络内容供应以视听效果为诉求提供刺激性内容，导致文化的喧嚣。

作为当代最重要的媒介形式，互联网的普及与影响是不可阻挡的，但也正因为如此，我们不能仅仅关注作为技术媒介的互联网，更要审视作为文化空间的互联网。当网络媒体一切以抓眼球、点击量为宗旨，纵容人们的欲望时，对文化带来的破坏性是巨大的，而当网络作为一种技术手段，适当地去规范、引导人们的休闲娱乐需求，并且可以寓教于乐地将文化品位提升、精神情感交流作为目标时，则将为文化建设发挥重要的作用。提升网络文化的品位，已经成为当代网络社会建设的关键。

一、消遣与欣赏：在轻松中感受学习的快乐，在娱乐中体会知识的魅力

当电视成为普及媒体时，人们盯着电视成为"沙发土豆"，当移动互联网成为普及媒体时，人们又成了"手机土豆"，其共同点都是无思考的娱乐消遣。网络文化满足大众的娱乐消遣需要本无可厚非，但问题在于，网络文化是否只能是娱乐消遣的文化？大众在网络中是否只能是娱乐化生存？网络传播是否能提供具有价值引领作用的内容？

要回答这些问题，可以从媒介发展史，特别是电影、电视的发展与影响出发。电影、电视是影像艺术，从一开始，娱乐消遣就是其重要功能。但随着这些艺术形式日趋成熟，严肃电影、良心剧作不断出现，给人以深思：电影、电视作品也可以成为让观众"沉浸其中思索把玩"的艺术作品。时至今日，影视工业与影视艺术并存，影视消遣与影视欣赏同在。同样，网络作为一种新兴的具有强大影像传播能力的媒介形式，加之互动性、个性化的使用特征，各种新的内容形式层出不穷。这些新内容、新形式在兴起时或许以娱乐消遣为主要功能，但随着其艺术形式的日趋成熟，与电影、电视艺术一样，它们不应仅仅以娱乐消遣作为主要乃至唯一定位，其中具有艺术特征、教育功能的内容也应获得重视。

---

① 尼尔·波兹曼.娱乐至死 [M].章艳.译.北京：中信出版社，2015

二、技术与人文：以新技术观察信息传播，以新媒介重塑主流文化

网络文化是由技术引导的崭新的物质文明和人类文化，其兴起源于技术推动，其发展源于社会需求，而其成熟则基于人文底蕴。推动网络价值引领，不仅要考量其技术属性，还要考量其社会属性。

科技发展带来的生活便捷，让人们不知不觉中愿意将更多本应由人类作出的判断，交给机器和算法解决。大数据的收集范围，已经从我们主动发出的文本数据，扩展到被动检测的生理指标，从今天消费了多少钱、在哪里买了饭，扩展到摄入的热量是多少、对此的心跳血压以及情绪反应是什么。基于这些数据，算法告诉我们应当如何饮食，甚至自动屏蔽掉某些它认为不好的食物。我们的生活、行为、情感、思想乃至价值观，都成为可以被度量、计算和预测的"数据"。

马克思·韦伯在对资本主义发展的观察中，提出了"价值理性"和"工具理性"的概念，"价值理性"强调以纯正的动机和正确的手段去达成目标，其结果如何则排在两者之后，根本上是相信一定行为具有的无条件的价值。"工具理性"则强调借助理性判断、达到预期目标为第一要务，行动只由追求功利的动机所驱使，人的情感、精神等价值判断被搁置。马克斯·韦伯在《新教伦理与资本主义精神》中指出，新教通过世俗工作的成功来获得上帝的救赎，一度促进了资本主义的早期发展，但是随着社会走向现代化、多层化，宗教所能提供的文化信仰价值不断衰减，工具理性逐渐凌驾于价值理性之上。

当今这个时代，算法带来的工具理性逐渐侵蚀着价值理性的空间，人们让渡了做出决定的权利，不但将外部的一切事务交给机器来运作，内部的思想也逐渐交给算法来安排。缺乏人工判断与干预，机器以数据为准绳。以至于从 2016 年起"后真相时代"成为全球热词。我们身处一个信息时代，但获得全面、真实的真相的难度却越来越大。解决这一问题，既需要升级、开发新的技术进行识别，也要建设新的网络伦理进行约束。

在这种网络生态中，依托技术、重塑主流成为当务之急。在媒体融合发展的趋势下，以人民日报"中央厨房"为代表的媒体融合加速展开，让社交媒体中有了权威声音。2015 年正式启动的"中央厨房"，不是机构而是机制，其重要作用不是机构重建，而是机制再造。通过一系列新的流程、新的机制去激活新的产能，有效地满足人们对求真、求全、求实的信息需求，通过重新塑造业务流程、业务机制，让人民日报能够适应新的舆论环境和舆论生态。

一方面，"中央厨房"打破了传统媒体的矜持，积极拥抱技术、关注智能。在技术上，基于舆情监测、传播效果评估、用户行为分析等一系列技术工具，人民日报"中央厨房"形成了新的工作模式，每天推出传播效果排行榜、热点新闻排行榜等数据报告，供报社决策层和前后方采编人员参考。通过"中央厨房"，各终端渠道策划部署一体统筹、采编力量一体指挥、各类媒体一体发力。有了全网抓取的实时数据，全国各地发生的热点事件能地图式即时呈现。新闻线索不再只是通过记者报道，也可以通过网络抓取、分析。

通过传播效果评估、新媒体运营、新媒体追踪和用户画像，每篇稿件有了实实在在的效果评估与反馈。通过数据分析，媒体可以深度了解用户阅读习惯和行为特征，得出用户对新闻的喜好，实现精准推送。借助网络技术的利器，提高了人民日报的舆论把控力、采编方向性、决策执行度，完成了传统权威媒体的成功转型。

另一方面，"中央厨房"烹制新闻美味，也极大解放了编辑、记者的内容生产力，尤其是可视化生产力。有了更大的平台、更新的技术，编辑、记者的积极性和创造力被激发起来，他们不断创新表达，生产出一批精品。投入运营三年，仅"中央厨房"建立的融媒体工作室就生产出 3 300 多个融媒体产品，产品形式包括文字、音视频、图解、H5、动画、表情包、VR 等，其中不乏爆款产品。这些优秀的作品不但成功吸引了受众目光、达成了传播效果，也成为其他各级各类媒体争相学习效仿的模范，促使网络媒体争相开展利用新技术、打开新思路、制作新内容的比拼，反过来又促进了媒体领域的技术应用与开发，完成了文化传播与技术发展相互促进的闭环。

人工智能、虚拟现实、大数据、区块链等科技创新让网络空间变得更加便捷、丰富，与此同时，基于科技创新的文化创意也愈发重要。实践表明，科技创新解决的是物质世界的问题，文化创意解决的是精神世界的问题。两者共同推动网络发展，缺一不可。当代文化与新媒介、新技术的深度融合已经成为趋势，对于网络发展来说，没有科技的文化是边缘的，没有文化的科技是乏味的。

三、文化与创意：为内容创造合适的形式，让热爱感染更多的人

网络文化的发展，伴随着信息的爆炸与混杂，这一过程中当然需要人们明辨是非真伪，做出自己的判断、形成自己的思想。但另一方面，对于并无定法的文化而言，也就打破了许多以往的惯性和成见，不同的文化内容和文艺形式在网络平台产生了碰撞，形成了具有创意性的对接，产生了令人意想不到的传播效果。

在通常的印象中，热爱军事、喜欢历史的大多数是男性，他们表达的方式也特别"硬核"：分析某次阅兵时的各种武器装备及其性能参数，讨论最近的国际局势和政治风云。而热爱动漫、喜欢动物的大多数是女性，她们偏好浪漫传奇的故事、可爱温柔的萌宠。但是在网络时代，也有一些作品却让这两个不同的群体走到了一起，不但打破了他们对彼此的刻板印象，唤起了他们共同的热爱，也通过他们的强烈"安利"，把这些故事带给了更广大的受众。

网络文化作为当代中国社会主义文化的重要组成部分，为年轻一代重新认识传统文化和革命文化，提供了新的平台、新的形式、新的动力。他们用自己擅长、喜爱的方式，去感受历史、表达历史、重述历史，用青春的活力和网络的创意，为文化赋予了时代气息，为历史再添了灵动色彩。

网络文化品位不是脱离网络空间而存在的，只有扎根网络空间、尊重传播规律，才能提升网络文化品位，推动网络价值引领。相信知识本身的魅力、相信科技带来的改变、

相信青年拥有的创意，这些都是文化自信的基础，在文化自信的基础上，增强文化转型的自觉意识与自主能力，进行适应网络新环境的文化创新，会让当代中国文化更有魅力。

第三节　网络流行语与当代文化心态

进入网络时代，生于斯长于斯的青年一代，作为网络空间"原住民"，不断创造出新兴的"网络文化"。他们与从印刷文明过渡而来的上一代人及其"主流文化"，不断交流碰撞。

网络文化体现在日常生活当中，最常见的形式就是一个又一个网络流行语。国家语言资源监测与研究中心每年都会发布"年度十大网络用语"，这份榜单的评选日程、标准与机制，透明公开：首轮网民推荐（15 日）、次轮专家评选（5 日）、终轮网民投票（10 日）①。而依托教育部和多所高校研究机构的专家筛选与解读，也更加具有学院派的专业性。纵观近年来的"年度十大网络用语"，许多社会发展趋势与文化心态变迁，正凝练为榜单上的一个个热词，以"流行"的方式，诠释着网络时代的大众话语与交往理性，展现着当代文化心态的变迁轨迹。

一、网络流行词中的"亚文化"与"主流化"

种类繁杂、数量庞大、迭代迅速的网络文化，每个圈子内部都基于自身文化脉络形成了一套自己的"规矩"与"黑话"，这是他们的生态体系与话语体系。很多网络的流行词汇，都会经历从线上爆红到线下流行的路径，通过官方媒体、主流媒体的使用，由小众进入大众、"亚文化"变成"主流化"，更有部分词汇经过时间的检验，最终沉淀下来，成为当代日常生活用词的一部分。

人们形容某人某事做得好，以前会伸出一个大拇指，表示"棒"，而现在则经常伸出大拇指和小拇指，比出一个"六"，有时还会轻轻晃动，表示"666"。这一差异，看起来只是表达方式的改变，但如果将它们还原到孕育它们的网络文化生态，追溯它们的演化过程，就能发现这些小小的改变，其实恰是中国社会发展、文化变迁的"活化石"。

"666"是"溜溜溜"的谐音，表示"玩得溜"，最初出现在网络游戏中，常用于称赞游戏主播技术高超、节目效果好。在表达格外的惊叹时，可以连写许多个"6"，以长度来表示语气。因为在游戏交流中，或者观看视频时中途暂停发布弹幕评论，都是具有很高即时性的动作，往往需要在很短时间内完成，容不得太过于复杂的输入操作，在这种情况下，一些约定俗成的缩写形式就会迅速流行开来。又由于弹幕的默认播出模式一

① 中华人民共和国教育部语信司 . 汉语盘点 2018 活动正式启动 [DB/OL]. （2018–11–21）[2019–03–20]

般是单方向滚动，长度较长的一段弹幕，其存在感也会更强，因此，重复敲打某个简单字符，以输出一段长度足以引人瞩目的弹幕，也就很容易成为弹幕视频网站用户的习惯。

"666"也就借由弹幕视频网站，从"亚文化"的游戏圈，逐渐影响到了圈外的网络视频受众和普遍意义上的网友。

在网络空间中，和"666"非常相似的还有"233"，它们现在看起来出双入对，都是数字，又都在各个网络平台上出现，好像是一个文化背景出来的，但其实并非如此。"233"最早是猫扑论坛上绘制着一个小人儿"捶地大笑"动作的表情图片的编号。因为知名度很高，而常常被论坛网友以"233"指代，后来在某些并没有预设猫扑表情包的论坛，如百度贴吧等平台，网友也沿用了这一用法，来表达某种开怀大笑的情绪或状态。

智能手机普及之后，在手机端的微信、微博发送表情，都是点击选择，然后文本框里直接出现，所见即所得。但是在网页版的微博里，点击表情，在文本框里出现的则是这个表情的代码，例如，微笑脸，就是英文半角中括号里写着"微笑"二字，在发出之后才转换为图像的表情，所见并非所得。

网络时代从有线到无线，从网页版进入移动端，"233"曾经一度沉寂过，但是随着技术进步，网络环境从文字进入图像，到了读图时代、视频时代，弹幕出现，人们在弹幕的有限暂停和输入的时间中，想获得更充分的表达，打出"233"，甚至"233333"，当然更加便捷，也更加能占据视觉空间、提高识读效率。于是就像时尚潮流十年一循环一样，这个初代网络词汇，今日又焕发了第二春。

"666"这个网络词汇进入日常范畴，是文化的横向传播，是不同趣缘群体之间相互影响，而"233"这个网络词汇进入日常范畴，则是文化的纵向传播，是网络技术与网络用户在代际更迭上的叠加。这两个词看起来长得挺像，使用场所也都很相似，甚至很多语境中还能连用，但是背后的文化脉络是不同的。

但是另一方面，"666"和"233"能在这几年成为并行的热词，也都得益于同样的视频产品的流行。未来人工智能技术更加成熟先进，视频不再是今日的二维呈现，而是VR或者MR三维立体式的呈现，人们的交流表达也不需要键盘输入，而是直接语音或者语音转文字，那么"666"也好、"233"也好，它们成为常用词汇的文化土壤消失了，它们可能又会重新经历沉寂。所以这些网络词、流行语的背后，是一套又一套文化体系，它们呈现在词汇层面可能非常相似，但是背后的生长脉络则可能完全不同，在未来的发展方向上，它们可能走过交叉、各自远去，当然也有可能殊途同归，或者始终平行。在蓬勃发展的网络文化中，各种文化社群、文化资源之间网络状纵横交错的文化脉络，才是进行文化研究与文化传播的关键。

网络词汇背后的文化谱系，是"亚文化"进入"主流化"背后的文化力量，而"主流化"接受"亚文化"背后的文化语境，则是另一个值得关注的要点。媒介革命，总会带来指数级别的信息爆炸，印刷术和纸质文明如是，互联网和网络文明亦如是。在这些技术革命、媒介革命带来的信息洪流中，人们词汇更迭的速度大大加快，每天都有大量的网络词汇被制造出来，而人们也能感受到，这些词汇背后有它们的原生群体和文化土壤，每一个新词背后，可能就是以前不了解的一个文化领域。

因此，"亚文化"的"主流化"，其实是个非常错综复杂的状况，这其中既有媒介革命、代际更迭、文化思潮的变迁，也包含了整个国际局势在全球化之后逆全球化，从而映射到文化和思想层面，内外不一的表现。而文化研究和文化传播的工作，面对当代文化的网络发展，一方面，是希望通过对各种网络词汇的追本溯源，呈现出热词背后的文化脉络，让"亚文化"在野蛮生长的同时，不失去自己的根系，让天天使用它们的年轻一代也能够"求甚解"；另一方面，也是希望"主流一代"可以借此真正了解网络词汇、了解背后的文化，甚至在阅读中调动自己的知识和经验，让主流文化的体系与亚文化的体系产生碰撞和融合，最终比年轻人更懂年轻人。促进不同代际和社群的文化交流，正是文创理念的根本目标。

二、汉语的时代创造力与文化传播力

与中国互联网发展初期诞生的流行词"GG/MM""潜水/沙发""强"等词相比，今日的网络流行语，已经很少是单纯基于网络技术环境而产生，每一个热词都自带复杂的文化谱系、具有特殊的文化来源。国家语言资源监测与研究中心发布的"2018年年度十大网络用语"中，以词源来分，既有中国本土语言的"杠精""皮一下"，也有外来文化衍生的"skr""C位"；以阶层来分，既有年轻中产"燃烧我的卡路里"，也有下里巴人强行撩妹的"土味情话"；以情绪来分，既有充满希望与祈愿的"锦鲤"，也有带点淡然和消极的"佛系"。

这些网络词汇从无到有，从有到红，一方面，表现了汉语的创造力和表现力，如"锦鲤"的旧词新意、"C位"的中西合璧、"官宣"的缩略成词；另一方面，反映了网络文化的强大传播力，反映了小众亚文化走向大众文化、主流文化的清晰历程。

从近年流行"杠精"一词来看，充分体现了网络时代汉语的创意组合与传播能力。北方地区的民间文化中，每年正月十五的元宵灯会，会有小丑坐在轿中，由身强力壮的大汉抬着轿子双杠在人群中穿梭，小丑与游人随机斗嘴打趣，用语言技巧博人一笑，这是最早的游乐项目"抬杠会"。明末清初，由此衍生出了北方方言中的"抬杠"一词，意为强行争辩，多为依靠嘴上功夫、丧失理性逻辑、缺乏积极意义。进入网络时代，互联网中众声喧哗，很多讨论通常没有双方都认可的底线、标准和规范，因而不免沦为"为辩论而辩论"，彼此指责对方"抬杠"。

网络中形容人物的显著特点时，常以"-精"的后缀表示，这一表述起初被广泛使用，源于动画片《葫芦娃》中以"蛇精"形象来指代过度整容、削尖下巴的人，后来"精"

脱离"蛇精"一词而灵活出现，如"腿精""睫毛精"来夸张形容明星腿长、睫毛长等特点，语义也从贬义转为中性，甚至略含俏皮。

以"抬杠"与"精"组合成为"杠精"，既形象表达了某人总是抬杠、喜好无意义辩论的行为特征，也包含了"抬杠成了精，凡人能奈何"的无奈和戏谑。这一网络流行语富含中国传统民间文化，生动地反映了当前中国互联网的话语生态，体现了汉语与时俱进的创造力和表现力。

从互联网诞生初期的"大虾"（擅长使用网络的人）、表示调制解调器的"猫"，再到今天的"锦鲤""杠精"，网络空间成为展现汉语创造力最集中的场所，也成为展现语言背后文化最重要的传播手段。许多网络流行语冲破次元、进入了人们的日常生活、口语表达，不断刷新着汉语的表现力、拓展着汉语的可能性，同时也传达着不同阶层的声音、沟通着不同社群的情感，成为时代精神与民族文化的标志性符号。

三、网络传播中的权威信源多样性与文化生态丰富性

从官方媒体到文娱明星都喜欢使用的"官宣"，是"官方宣布"的缩写，原指由政府机构、权威媒体发布某一重要消息，现在已经逐渐泛化为"正式宣布、广而告之"的含义。在这一过程中，话语主体从权力机构变为普通个体，话语色彩从严肃性、终结式、不容置疑，变为平和性、开启式、分享讨论。"官宣"不再是"官"的宣，旧词新用的网络流行，在潜移默化中完成了传统话语权力的转移。

在后真相时代，网络空间中的海量信息真假难辨，"造谣一张嘴，辟谣跑断腿"，新闻反转成为经常现象。在这样的舆论环境下，人们对政府机构、权威媒体等"官方"代表，有着比一般信源更高的信任度。武汉大学学者的《我国主流媒体的公信力现状考察——基于 2015 年问卷调查的实证研究》显示，在电视、报纸、广播、网络四大媒介渠道中，中央级别的传媒机构所得到的公信力评分，都显著高于省级或商业传媒机构，而在所有被考察的 11 家 / 类媒体中，代表官方的 CCTV 和人民日报成为公信力最高的传媒机构[①]。因而，网络时代的"官方宣布"消息，普遍具有较高的公信力。

互联网中蓬勃发展的粉丝文化，则借用了"官宣"及这一词汇内含的高公信力。娱乐新闻中经常会出现各种小道消息、八卦流言，粉丝为了维护偶像声誉、圈内团结，常常等待偶像及其经纪团队发布承认或否认的正式声明，然后与之保持一致口径。"官宣"一词，被粉丝文化借用于指代这一正式声明。与"官网""官微"等网络词汇相似，"官宣"中的"官"从政治意义上的"政府"泛化为某种权威信源，即具有对某一事件的最权威解释权的主体。

---

① 强月新，徐迪 . 我国主流媒体的公信力现状考察——基于 2015 年问卷调查的实证研究 [J]. 新闻记者，2016（8）

　　"官宣"一词，经过官方机构与网民自发的热搜、讨论与界定，最终获得了网络时代新的使用规则：当官方机构需要宣布信息时，公众仍旧承认其媒介的公信力与信息的权威性；当官方机构退场进入日常情境时，公众也会毫不畏惧地接过键盘，宣布自己的消息。"官宣"中的"官"，保留了正式性，淡化了权威感。

　　人人都可以"官宣"的背后，更具趋势意义的是网络空间中成长出的青年一代"数字原住民"，他们具有更加强烈的自主意识，关注自身的情感与诉求，认为作为个体取得的成就、想要分享的信息，可以承担得起"官宣"的正式与重要。从现实看，这些属于每个个体的点滴"官宣"，展现了当代中国青年的多样性与主体性，构成了当代中国发展与进步的整体图景，汇成了更具全球传播力的国家"官宣"与国家形象。

第五章
中华文化传播的策略

文化传播要明确传播的目的、传播者、传播接受者、传播媒介、传播内容、传播效果，也要明确如何凭借传播的作用建立一定的关系。

第一节 传媒策略

一、全球化背景下的跨文化传播基本策略

经济全球化在一定程度上也将引起文化生产和消费的全球化。在此背景下，中国媒体既要固守中国的文化版图，又要吸引外国文化的精华，同时还要进一步向外国受众传播中华文化，面临着前所未有的跨文化传播的挑战。

中国加入 WTO，就意味着正式融入经济全球化的大潮。从民族整体求强的角度出发，全球化不仅有经济含义，也是文化的全球化。在此种背景下，如何固守中国文化版图的边界，又以宽广的胸怀、开放的眼光对待世界各国文化对中国文化的影响，吸纳外来文化的精华，充实和丰富中华文化，成了中国传媒面临的重要课题，因为大众传媒是跨文化传播的重要渠道。大量的事实表明，中国的传媒对此问题已经有所重视，并且开始采取一些对策。但是，全社会各界人士对文化传播的重视显然不如对经济拓展的关注，随着经济增长带来的物质文明，对文化传播的决心也到了绽放异彩的时候了。

面对通过商业渠道、媒介渠道和人际渠道源源不断涌入中国的外来文化潮，我国传媒要建立符合时代特点和节奏的文化传播观念，改进跨文化传播对策。

（一）遵循文化传播求真务实的基本准则

真实，是媒体应该普遍奉行的基本准则之一；坦诚，是文化传播者应具备的工作态度。对外宣传与对内宣传并重，是我国政府在改革开放初期就提出的宣传策略。中国人懂得"心诚则灵"这一返璞归真的道理，包括"真诚""坦诚"和"热诚"三个方面。"真诚"就要求我国的媒介从业人员以人文的眼光和关怀去捕捉跨文化交流过程中不同文化

背景的人们表现出来的人类共性，比如同情弱者、助人为乐、追求和平、渴慕公义等情感。"坦诚"很容易理解，主要是指我国传媒在对外宣传中国和中华文化时，不应刻意回避中国作为发展中国家在前进道路上遇到的问题和麻烦，也不应掩盖中国社会的缺点，毕竟有不足才有发展的余地。一旦更正了观念，我们可以凭"坦诚"深入人心，为进一步的跨文化交流创造条件。"热诚"就是要以积极的心态和行动参与各种跨文化交流活动，愿意介入我们原本不熟悉的领域。

（二）追求跨文化传播中的"雅俗共赏"

重新界定全球化背景下的"精英文化"与"大众文化"，追求跨文化传播中的"雅俗共赏"。在全球化的大潮中，文化产品的生产和消费日趋商业化，精英文化和大众文化的界限日趋模糊。传播媒介不能总是守着"精英文化"与"大众文化"这二者的传统分界，而应以平和的心态向国内和国外的受众传播雅俗共赏的各国文化产品，以求引起尽可能多的人的共鸣，既提升国内大众的文化欣赏品位，又用通俗的方式向国外的受众传播博大精深的中华文化。

（三）接受商业理念对文化传播的渗透

现代社会发展相对于人类历史的过去是高速度的。主动适应快速的文化生产节奏，接受商业理念对文化传播的渗透，将是给予传统文化产品以新的生命的重要途径之一。在全球化背景下，文化与经济产品的关系日益密切，文化常常通过经济的、商业的渠道跨越国界传播。中国"快餐文化"的兴起和"麦当劳化"的经济运作模式有着密切的关系。由于全球化的经济运作，加上传播技术的发达，文化产品的生产周期短了，出品速度快了，跨文化传播的速度也加快了。

（四）建立以文化交流促进文化创新的观念

文化创新也要有开放的心态。古往今来，文化交流都能极大促进文化创新，在不同国家的文化与本土文化的撞击中力求创造出"既是民族的，又是世界的"新文化产品。在开放的世界里，任何文化都免不了要与其他文化进行跨文化交流，在全球化的时代更是如此。交流的结果是文化的互相渗透，我中有你，你中有我，两种文化分别都更新和充实了自身。应该指出的是，在保持开放心态的同时，要提防某些经济强势国家的"文化帝国主义"。在通过媒介引进外来文化时，可以追求多元化引入。所谓多元化，就是不能一味看重市场价值和轰动效应，只引进欧美文化产品，而要广泛兼顾世界其他国家的先进文化，包括亚非拉和东欧前社会主义国家的先进文化。对文化的定义要适当放开，赋予文化相对丰富的内涵，将文化视为体现民族性格、思维方式、价值观念等组成的生活方式总和的精神产品。

二、跨文化传播的具体方式

适应全球文化市场运作规律的跨文化传播具体方式，包括以下几个方面：

（一）世界来到中国，中国走向世界

应让中国受众充分意识到"世界来到中国，中国走向世界"的时代大趋势。媒介在制作生产对外宣传中国文化的内容时，要保证让中国受众也听得到、看得到、读得到，培养国人用世界的和全球化的眼光重新认识中华文化，了解中华文化历史上的辉煌，又要有适度的文化忧患意识，充分认识到中国文化面临的全球性挑战。中央广播电视总台中文国际频道的中华文化相关栏目是一个对外传播的窗口，其他媒体如报刊、广播、杂志也不妨多刊登或播出一些从不同角度看中国的文化内容，以求进一步开阔国内受众的视野。应更加主动地在对外宣传战线上全面出击，让外国受众更多地了解和理解中国文化。

这要求传媒与所有文化工作者联合，以全球化为背景看待和认识一切文化，做到对本国文化和外国文化"知己知彼"，增强交流沟通的效果。要在对外宣传中大力增强文化传播的成分，用文化产品生动形象的内容弥补传统的"新闻外宣"的不足。同时，眼界要开阔，要把目标对准国外不同阶层的受众，包括社会上层的政要，社会中层的知识分子、商界人士、白领，等等，也不可忽略文化程度较低的阶层。

（二）开展文化产品制作中的国际合作

文化的相互认知与交流是增信释疑和加强合作的重要基础，也是区域一体化进程不断发展的内在需要。在文化产品制作中进行国际合作，敞开胸怀引进人类先进文化。除了直接通过现代化的传播手段再次引进，还可以考虑创新，即通过跨国合作，让不同文化背景的传媒工作者和其他文化人走到一起，来共同生产出符合新时代全球化挑战背景的力作。中国一些电视节目通过市场化运作，在东南亚国家受到欢迎。

影视合作仅仅是中国—东盟文化产业合作的一个缩影。近年来，双方的文化产业合作方兴未艾，以现场表演、电视广播、电影、书籍等为代表，文化贸易正向多元化发展，交流的领域和渠道大为扩展。中国—东盟文化交流与合作成绩斐然，文化产业迅猛发展。但是各国在拓展合作的深度和广度时，仍然有不少"短板"需要突破，如文化交流难以带动文化贸易"走出去"、"走出去"的产品针对他国特点的创新改造不够等。

（三）传媒人才队伍建设

一切落实到人才问题上。要实现上述对策，改进传播方式，迫切需要培养和造就一支特殊的传媒人才队伍，有既通晓中文和外语又理解中外文化之异同的人才。一些在海外留学的中华学子、华人华侨，对中外文化都比较熟悉，应该很好地发挥他们的作用。

综上所述，全球化的浪潮已经"入侵"中国的文化海岸，亟须中国媒介帮助和引导

大众应对。相信跨文化传播迅猛增加的结果是创造出更加富有先进性的中华文化。

三、传统媒体文化传播的转变策略

面对新的传播环境，传统媒体一方面要强化自身文化传播的担当意识，另一方面也要调整自身的媒体角色，在资源整合的重新定位下，借助微博、微信等提供的新的发展平台，在以附着的方式实现"微"时段传播的同时，发掘文化资源、调动社会力量、加强官方媒介的经营和管理，更好地为文化的传播贡献力量。

（一）传播角色的"微调"

微环境不仅改变了媒体传播文化的行为方式，也推动着媒体调整自身在文化传播活动中的角色与定位。传统媒体具备可信度高、资源丰富的优势，在新的传播环境下，传统媒体应充分发挥这样的优势，适度"微调"传播角色，改变长期形成的"喉舌"等刻板形象，做大众的"贴心人""小棉袄"，打造出平民化的传播平台。在传播文化方面，传统媒体不仅应坚守传播者的角色地位，同时也应强化资源整合者、产品开发者的角色，主动承担文化资源、社会资源、媒介资源整合的任务。

某一地域的文化是多样的，每一种文化也呈现出多层次多侧面的特点。如齐齐哈尔市有冰雪文化、鹤文化、红色文化、少数民族文化等。人们对某一文化也会多角度理解，一方面形成了"百家争鸣"的自由局面，另一方面也容易出现众声喧哗、没有主线的景象，最终削弱文化的影响力和传播力。因此，具备公信力的传统媒体应主动承担起文化资源整合的责任，将政府机构、文化传承者、艺术创作者、理论研究人员、社会媒体等整合为一体，传递出关于文化认知的最强音。例如，齐齐哈尔市鹤文化资源丰富，历届政府都着力将鹤文化打造成城市名片，曾举办"观鹤节""鹤文化艺术节""鹤文化与城市发展论坛"等活动。

传统媒体不仅拥有丰富的文化资源，在社会资源的占有和开发方面也比一般的受众更强势。传统媒体文化传播策略如何改革？具有官方色彩的传统媒体应以包容的心态，充分与私营媒体公司、各种民间团体开展合作，调动社会知名人士、广大市民群众的参与积极性，形成以传统媒体为龙头、全社会一起传播城市文化的共识。传统媒体应该充分开发这些社会资源的价值，与高校、传媒公司、民间艺术团体、知名艺人的多种合作，吸纳更多的普通人参与进来。通过对社会资源的重新整合，更好地实现传播城市文化的职责，提升媒体自身的吸引力和知名度。

（二）传播产品的"微型"

任何文化的传播都是以产品的形式来进行的。大制作意味着长周期、高投入，如电影、电视剧、大型舞台剧、动画剧集等；"微型"意味着微制作、微投入、微时长，如微剧本、微电影、微视、微雕刻、微语录、微诗歌等。在开发文化传播产品时，应该两者兼顾。以大制作实现大震撼、大影响，形成轰动效应；以"微型"制作吸引普通人参与进来，形成细水长流、润物无声的效果，从而打造多层次、立体化的传播产品。

传统媒体作为资源整合者、文化传播者，应该有意识地与本地高校、传媒公司、社会团体、居民社区等开展合作，充分开发微电影、微视、微小说、微创意、微语录、微雕刻、微书法等相关微型文化产品，产品可以涉及文学、戏剧、舞蹈、绘画、雕刻等各类文艺领域。各类传统媒体可结合自身媒体特性，开展相关的微作品征集、展览、评比等活动，以此来形成人人参与、人人传播的格局。如纸媒可以推出微小说、微语录、微书法、微摄影等作品的征集、展览、评比、奖励等活动，电视媒体则可以开展微电影、微视、微创意等相关活动，而广播媒体也可以开展微作品朗诵、微广播剧展听等，各类媒体间又可以互相配合、打通合作，共同为各类活动搭建合理的传播平台。

（三）传播方式的"附着"

电视传播机构可以充分利用已有的栏目，开发"附着化"文化传播新路径。

这样的做法是值得推广的。诸如微电影、微雕刻、微创意设计等相关活动能够实现，那么这种"附着化"的传播路径，不仅为这些微作品提供了展示的平台，也丰富了传统媒体的传播内容。即使是现有的各类艺术作品，如舞蹈、书法、绘画、诗歌、音乐、剧本、电影、动画等，都可以经二次加工为"微型"产品后，"附着"于已有的广播电视知名栏目、报纸的副刊等时段、版面上，发挥品牌带动传播效能，用以传播地方文化。

（四）传播渠道的"微扩"

微环境下的受众还具有阅读渠道网络化的特质。随着无线网络的普及及受众可使用终端的多样化，随时、随地、随意成为受众接收信息的新趋势，微博、微信是受众经常接触的传播载体。传统媒体开办官方微博、微信公众号成为一种潮流，特别是受传播范围限制的地方媒体，借助微博、微信打破地域传播的魔咒，实现"跨界"传播的完美"逆袭"，是传播渠道"微"扩张的典型体现。

很多报刊、电台、杂志在开办官方微博后，借助新的传播渠道来提升与受众的接触率。这些官方微博在节目预告、信息收集、意见反馈、吸引关注等方面发挥了一定的作用。但同时我们也应注意到，地方传统媒体开办官方微博热情高，但开办之后对官方微博的建设和管理却稍显滞后。如果没有后续的建设经营精力的投入，要实现跨区域传播的"逆袭"是有很大难度的。地方传统媒体不缺少本地的各类信息，但缺少借助微博来传递信息的意识；不缺少媒体从业者，但缺少管理微博、网站的专门人员。

（五）设置专门的微博管理者

微博管理者负责日常广播的发布和信息反馈的处理。官方微博发布的各类信息应尽量接近百姓的日常生活，这样才能引起围观、转发、评论等行为，形成交流状态，才能真正实现地方传统媒体开办官方微博的初衷。除发布日常信息外，还可以在形成良好传播局面后增加调查、讨论等内容，通过围绕城市文化，设置相关讨论主题来引发围观者的思考，实现借助官方微博传播城市文化的目的。

现在的媒介资源越来越丰富，广播、电视、报纸、手机、电脑等多种媒介进入人们的日常生活，手机报、微博、网站、电子报纸等实现了人们多终端接收信息的愿望。传统媒体也应整合已有的媒介资源，开发微博、微信、手机报、电子报纸、在线节目等产品，在多个终端上向用户推介内容和形象。各类传统媒体开展的"微"活动、开发的"微"产品，都可以借助微博、微信等进行网络化、病毒式营销传播，扩大活动本身的吸附力，提高活动的被关注度。

第二节 影视作品的跨文化传播策略

一、中国电影的跨文化传播策略

在全球化浪潮的冲击下，跨文化传播日益频繁。作为大众传播媒介和意识形态载体的中国电影，必须以积极的姿态应对竞争，广泛参与世界范围内的跨文化传播。全球化对中国电影的跨文化传播既是一种挑战，也是一种机遇。中国电影要取得跨文化传播的成功，必须在"国际化"与"本土化"的结合中找到一个"契合点"，实行"国际化"与"本土化"的"双重编码"，在电影传播的文化策略、题材策略、艺术策略以及运作策略上广泛借鉴，大胆创新，以"和而不同"的目标作为跨国传播的文化诉求，开创中国电影新局面。

电影是一种大众传播媒介，是一种艺术形式，是一种影像语言，是一种意识形态，是一种文化产业。如何充分发挥影像的跨文化传播功能，实现中国电影的文化传播价值和资本价值的最大化，成为中国电影必须面对的重大现实问题。

（一）中国电影走向世界势在必行

在全球化的今天，中国电影有必要更有可能参与跨文化传播，传播的本质即在于文化的交流。

1. 积极主动地参与跨文化传播

中国电影要实现跨越式发展，必须积极主动地参与跨文化传播，改变自身的弱势地位。一个民族或国度文化的进步，离不开文化传播的健康进行。没有交流的文化系统是没有生命力的静态系统，断绝与外来文化信息交流的民族怎么可能是朝气蓬勃的民族呢？中国电影作为一种承载传播中国文化、塑造国家形象任务的大众传播媒介，必须积极参与跨文化传播，在跨文化传播中汲取思想和艺术营养，在跨文化传播中输出中国的民族文化。在全球化信息不平等传播的态势下，一个巨大的"文化逆差"正在形成，中国电影只有迎难而上，借鉴世界先进的电影理念和运作方式，在坚守自身文化特色的同时，敢于跨出国门，才能实现中国电影在21世纪的腾飞。中国电影跨文化传播的历史使命就是通过更具普遍意义的影像语言，使中国文化为世界所了解。

2. 全球化为中国电影参与跨文化传播提供了可能和契机

全球化为中国电影跨文化传播提供了可能和契机，与此同时，不可否认，全球化带来了文化同质性的危险，民族文化在全球化浪潮的冲击下，日益失去自身的个性。在陈卫星教授《跨文化传播的全球化背景》一文中指出："全球化时代的传播特征是用消灭时间差距的传播手段把世界压缩为一个没有地方性的平面，用一个时间来代替多个空间。由于传播权力分配的不平等，掌握着世界性传播网络资源的发达国家和地区的时间成为传播当中的世界时间，在某种意义上也就等于取消了其他文化的存在。"但另一方面也应看到，传播全球化必然引起"文化反弹"，引起本土文化（或民族文化）对外来文化的抵抗和抗争，使文化的异质性、本土性彰显得更加强烈。正如美国社会学家罗兰·罗伯森所指出的："全球资本主义既促进文化同质性，又促进文化异质性，而且既受到文化同质性制约，又受到文化异质性制约。"所以，全球化并不意味着文化的一元化，相反，"全球经济一体化与全球文化多元化，二者在'二律背反'中呈现出一种非和谐的历史对称性"。这是一个双向运动的过程，"全球化向文化的发展提供了'普遍主义特殊化'与'特殊主义普遍化'的双向渗透过程，全球化的影响体现在两个极致：它的影响从西方运动到东方，同时也从东方向西方做反向运动。"这无疑为中国电影的外向传播提供了理论依据。

实际上，全球化一方面表现出差异的存在，另一方面又表现为流动与交换。在一定意义上，传播全球化的发展将推进全球文化的相互认同与融合，有利于消除人类文化间的疏离隔膜乃至误解敌对，为人类所理想的具有共同利益和共同价值规范的一体化的"全球文化"的形成，创造出丰富、开放的对话空间。中国电影就是置身于这样一种空前频繁的跨文化传播语境中，完全有可能大有作为。事实上，中国电影已经取得一定的成绩。

就电影学界而言，在最近20年里，一大批优秀的中国电影先后获得了各种国际电影节大奖，也有的影片在传播中国文化的同时，创造了相当可观的票房收益。电影《人在囧途之泰囧》不仅在中国缔造票房纪录，还掀起了中泰旅游热；泰国电视剧在中国主流电视台落地的数量也在不断增加。泰国的影视机构对中国的市场非常有兴趣，泰国人迫切想要了解中国的电影发行渠道以及进入中国市场的渠道。这些电影的成功，使中国电影的"全球化"进程大大先于中国文学的"全球化"。中国电影走向跨国传播、跨文化传播已是势在必行。

（二）国际化与本土化的契合

中国电影要走向世界，要实现跨文化传播，必须学会如何对电影的艺术信息、文化信息、影像信息进行融合，以实现其传播功效。实践证明，过于本土化或过于国际化的倾向都不利于电影的跨文化传播。固守民族主义是不行的，电影创作狭隘的民族视野妨碍着民族电影不断扩大自己的交流范围，也局限了对所表现的题材做更为深广的审美涵盖，其结果只能是传而不通。但另一方面，如果一部影片只剩下可以容纳国际受众的那些电影文化因素，恰恰使影片失去文化的稀缺性，电影的文化资本也随之失去它作为信息资本的条件。如何在这两者之间找到一个"契合点"，是电影跨文化传播成功的关键所在。梅特·希约特把电影的文化因素分为三个层次：一个是晦涩得难以沟通的电影文化因素；一个是可以转换的电影文化因素；一个本身就是国际化的电影文化因素。中国电影要取得跨文化传播的最大功效，既要避开第一个层次，以免"对牛弹琴"，也要避开第三个层次，以免丧失自我的文化特色。而应该致力于追求第二个层次，在国际化与本土化的结合中找到一个"契合点"，采用国际化与本土化相结合的策略，实现两种电影文化的可转换。

1. 本土化与国际化共存

从文化策略层面来看，中国电影应该发掘既具本土性又可以为全世界所理解的那些"文化资本"，在保持本土文化特色的同时，也兼顾与世界文化的融合沟通。电影的文化表述是一个系统，既包括了服饰、饮食、语言、建筑等外在的表征，也包括人际关系、生活习性、民俗仪式、价值观念等内在的意义。对中国电影来说，二十世纪八九十年代，以张艺谋、陈凯歌为代表的第五代导演的"新民俗片"，如《黄土地》《红高粱》《菊豆》《大红灯笼高高挂》，以及后来出现的《五魁》《黄河谣》《红粉》《风月》等，是最早将这一文化策略付诸实施的电影作品，成功地将中国电影推向了世界。这些影片借助具有浓郁地方文化特色的典型符号，如"黄土地""黄河""江南水乡""红高粱""红灯笼"等，营造某种特定氛围，体现出一种独特的"东方镜像"。

从世界电影史上看，把影像的奇观性作为可交换的文化资本，并非始自中国的第五代导演，好莱坞的西部片，欧洲大量的民族风情电影，日本黑泽明、大岛渚、今村昌平的电影，都无不在发掘民族的文化资源，利用本民族的影像奇观来作为可交换的文化资本。如果说这一批走向国际的中国影片其民俗元素是本土的，那么这些电影中渗透的文化反思是可以被观众理解的。正如电影《刮痧》的导演郑晓龙所说："各种文化在浅层次在表面上虽然千差万别，但当涉及人本身、人本性，比如亲情、家庭层面时，则是相通的。"善于寻找开掘东西方都能理解的、既有共性又有"距离感"的文化资源，找到民族化与国际化两者之间的"契合点"，是实现中国电影全球传播的重要文化策略。

实际上，WTO给中国电影工业带来的最大影响是使国内的电影工业和国际的电影工业进一步融合，在此情境下，国际电影市场对中国电影变得更加重要。很多电影，如

《爱情麻辣烫》的票房主要在国外，国内票房只占一小部分；《美丽新世界》票房的30%~40%来自国外；《洗澡》的60%来自国外，该片先后签下包括美国、日本、法国、英国、德国等世界主要电影集散地的总共50多个国家的销售合同，票房达200万美元……又如霍建起《那山那人那狗》在日本的票房收入超过3.5亿日元，是当时日本境内票房最高的中国电影。影片能在日本观众中引起共鸣，得益于导演对影片文化内涵的发掘，当然，这种文化是在中日观众能够共同理解的基础上作出发掘的。该片曾获东京国际电影节金麒麟大奖，霍建起后来获邀担任东京国际电影节、长春国际电影节、上海国际电影节评委。再如《暖》，"通过自然、纯美的画面和音响的阐释，探讨人性、生活和生命意义的人文生态主义精神，把对当下中国社会存在的思考和人类环境、生存的问题意识并置于一段发生在20世纪80年代的故事中，开掘了除画面与音响语言之外更广阔的意义空间"。在人民大会堂举行的纪念中国电影诞生100周年大会上，冯小刚、巩俐、霍建起等50名电影艺术家被授予"国家有突出贡献电影艺术家"称号。

对这种文化策略运用得最为成功的是获得奥斯卡大奖的李安的《卧虎藏龙》以及张艺谋的《英雄》《十面埋伏》等武侠大片，这些影片能够成功打入欧美主流电影市场，无一不是采取这种"双重编码"的文化策略，在"中西合璧"式影像书写中征服了西方观众。李安的《卧虎藏龙》创造了华语影片在欧美影院上映时间最长的纪录，而张艺谋的《英雄》则实现了中国电影进军海外市场的历史性突破，其海外票房累计已超过11亿元人民币，《十面埋伏》在海外的票房也居高不下，仅日本、韩国以及中国香港、台湾地区就达28亿元人民币。

有人把李安的《卧虎藏龙》的跨文化传播的成功归结为三个方面：一是国际化的演职人员；二是"远离"华人的武打效果（传承徐克超现实主义动作画面的表述手法，大量使用电脑数码技术产生特技效果）；三是摩擦与再融合的文化主题。应该说，这种分析是非常到位的，李安高明之处就在于抓住两种文化、两个市场的"结合点"。《卧虎藏龙》跨文化传播的成功也给了内地导演以启示，张艺谋、陈凯歌等敏锐地意识到富有中国特色的武侠片就是跨国传播中的一个重要"契合点"，陈凯歌着手《无极》，张艺谋则拍出了《英雄》和《十面埋伏》。

与之前的"新民俗片"不同，这些影片走的是商业电影的路线，已经具备了更加自觉地更加积极地参与跨文化传播的意识。张艺谋自觉地以中国独具特色的"武侠文化"为内核，又掺入了"天下""和平"等国际性的思想元素，不同地域的观众都可以看出自己所能理解的文化内涵，加上精美的视觉效果，影片赢得全球观众的喜爱。《英雄》是当下世界的一个隐喻。《英雄》的喜剧性在于它是一部充满了中国文化象征的电影，但这部电影的坚固内核却是全球性的……张艺谋和他的电影已经不再试图展现全球化中的中国"奇观"，而是试图用中国式的代码阐释一种新的全球逻辑。但可以肯定的是，《英雄》的确既是民族的又是世界的。《十面埋伏》亦是如此，单就片名来说，借自中国传统民乐琵琶曲的《十面埋伏》，已经让它打上了中国制造的符号，但在《十面埋伏》

中我们分明又可看出《谍中谍》式的"卧底与反间"，《卧虎藏龙》的竹林之战，这一切让西方观众有着似曾相识之感。

周星驰的《功夫》无疑也是采取了这一文化策略。周星驰坦言，希望自己的电影"可以去全世界每一个角落"，"能够被更多不同市场的观众接受，包括西方观众"。为了跨文化传播的成功，他请来西方观众认可的袁和平作武术指导，精心制作动作特效，同时还加入包括日本漫画风格在内的目前最流行的形式因素，产生了卡通化的效果。这一切，都是成就《功夫》高票房不可忽视的文化策略。由此看来，在富有东方文化韵味的中国电影中巧妙地编入国际性的符码，无疑是中国电影进行跨文化传播的有效策略。

2. 借鉴国际化的电影语言

从艺术策略层面看，中国电影要善于借鉴国际化的电影语言，在保持自身美学特色的同时大胆创新。电影的语言表述系统主要包括运动的图像语言与概念语言（如对白、旁白、独白）的结合，其本质特点在于影像符号的表现力上。学者梵诺伊（F.Vanoye）列举了电影的"特殊符码"：摄影机运动、画面大小变化、影像蒙太奇、场外用法、电影特技和音画字的综合。他认为，电影艺术的魅力在于：电影有最大的摄录能力，弥补了其他许多艺术的最大缺憾；电影具有最大的再现能力，包括了写实和特技、影像蒙太奇的"做假"（montage sequence）。再如学者魏奈（M.Vemet）所谓的"电影非特殊符码"：如涉及透视法的"知觉式符码"、涉及文化背景的"认识性符码"、有涉及个人偏好的"感性符码"、涉及精神分析的"潜意识符码"以及涉及叙事的"叙述性符码"，等等，使得电影艺术突破视听限制，营造出一个多姿多彩、魅力十足的"梦境世界"。

从电影的艺术本质上看，中外电影并无二致，只有在电影的艺术表现力上勇于创新，才能吸引广大受众。中国台湾电影、中国香港电影以及中国第五代导演的作品能够走向世界，除了其文化内涵方面的原因外，其对电影语言的推陈出新也是功不可没。20世纪80年代前后，以徐克、许鞍华为代表的中国香港"新浪潮"电影，以侯孝贤、杨德昌为代表的中国台湾"新电影运动"，还有以陈凯歌、张艺谋为代表的大陆"第五代"导演群体，尽管有着各自不同的艺术风格和美学追求，但是他们的影片也有一个共同的特点，那就是都在一定程度上体现出民族传统文化与现代意识的冲撞，在继承性与超越性中，体现出中华民族电影艺术独特的文化价值与审美价值，或者换句话讲就是："用最现代的艺术语言来体现最传统的中国文化。"

没有这种"最现代的艺术语言"，中国电影就无法进行跨文化传播。学者尹鸿先生在总结中国电影国际化的艺术策略时概括了三点：一是"非缝合的反团圆的叙事结构"，即在叙事上放弃了经典好莱坞那种"冲突——解决"、善恶有报的封闭式结构。二是"自然朴实的蒙太奇形态"，即不采用好莱坞电影那种夸张、跳跃、紧凑而戏剧化的蒙太奇形式，而是大多采用一种相对静止的画面、比较平缓的蒙太奇联结，有时甚至有一种中国山水画、水墨画的韵味，画面开阔、造型平缓。三是"纪实化风格"，即在叙事风格上采用了一种反好莱坞的纪实手法，如张艺谋的《秋菊打官司》、宁赢的《找乐》和《民警故事》、章明的《巫山云雨》、王小帅的《冬春的日子》等。

如果说这种艺术策略在"第五代"身上还没有形成自觉的话，那么在第六代导演那里，对于电影艺术个性的追求与张扬就显得更为自觉。"第六代导演们走出国门，其共同的动作方略是——'草船借箭'，也就是主打欧洲'小众型'的艺术市场（即先融资，再获奖，随后出击市场），不是'后殖民'式的屈己媚洋，而是以对中国当下社会变革某个'亮点'的发现以及艺术个性的张扬，去征服外域并开拓生机。"这种立足本土，借鉴欧洲艺术电影，自觉地有针对性地反好莱坞的艺术策略，既使中国电影与世界领先的电影艺术接轨，又打造了中国电影的"艺术个性"，有利于中国电影以独立的艺术身份走向世界，进行跨国传播。

此外，从运作策略层面来看，中国电影要走向世界，也要在立足自身的基础上，借鉴学习世界电影先进理念与商业运作规则，营造一个良好的有利于中国电影发展的"媒介生态环境"（如政策环境、资源环境、技术环境和竞争环境等）。中国入世后，电影业面对的首要问题是全面实行产业化和彻底改变电影观念。在全球化时代，中国电影要抵抗好莱坞，别无他法，只有如冯小刚所说的"用好莱坞的方式打败好莱坞"。把电影作为一项产业，实施好市场化战略，做好电影产业链上的每一个环节。好莱坞电影的投资策略、品牌策略、市场策略、营销策略等都值得中国电影借鉴。张艺谋说："从投资、制作到发行、推广，可以明显看出，系统地向好莱坞的商业操作规则学习，很有必要。从商业角度来说，中国电影越接近规范化操作，说明中国电影越成熟，对抗好莱坞的商业大片，这就是实际行动。"《英雄》《十面埋伏》的成功充分证明了这一点。实际上，这两部电影也是集跨文化传播中的文化策略、思想策略、艺术策略与运作策略于一身的典范，张艺谋本人也不愧是中国电影跨文化传播的里程碑式的导演。

（三）让西方观众进入东方情境

在跨文化传播中，一个有效的传播至少包含三个关键要素：传播主体、接收者和传递的信息。传播主体、接收者（传播对象）和传播的信息都制约着跨文化传播的效果。

在现代社会，传播媒介提示的"象征性现实"，对人们认识和理解现实世界发挥着巨大的影响。由于传播媒介的某些倾向性，人们在心目中描绘的"主观现实"与实际存在的"客观现实"之间存在很大的偏离。媒介对受众的这种影响不是短期的，而是一个潜移默化的、长期培养的过程，它在不知不觉当中制约着人们的现实观。格伯纳等人将这一研究称为"培养分析"。这一理论揭示了大众传播媒介对人们的现实观究竟具有什么样的影响，这种影响又是如何发生的。

1. 主体策略

在传播主体方面，中国电影人应该具备一种国际化视野，摒弃单一的视角和过重的本土情结，用现代化、全球化的视界来观照中国的本土文化或中西文化的差异。导演李安执导的"父亲三部曲"——《推手》《喜宴》和《饮食男女》，将中国传统文化置于西方文化语境中进行比照，引起观众对中西文化差异的兴趣与思考，叫好又叫座；其《卧虎藏龙》在对中国传统文化的表述上，进一步接近西方人的习惯，也因此取得了更大的成功。这些成绩的取得，得益于李安对中西文化和中西审美差异的熟稔把握。

2. 受众策略

在观众方面，中国电影要占领国际市场，必须培养中国电影的"国际受众"。国外电影观众是通过中国电影所提供的"拟态环境"或"象征现实"来认识中国人和中国文化，再来建构他们头脑中的中国形象。由于这种影响是一个长期的、潜移默化的"培养"过程，这就要求中国电影要处理好电影媒介的功能，运用正确的文化传播策略，让国外观众了解、热爱中国文化，对中国电影产生浓厚兴趣，用银幕塑造真实、完整而富有个性的"中国形象"。

中国电影要赢得国际受众，还必须注意研究国际受众的欣赏口味和观影心理。中国电影要善于引导和培养观众的"中国式审美"。艺术按照美的规律来创造，能使受传者获得美的精神享受。但对艺术传播者来说，不能满足于此，还应积极、主动地担负起培养人们对美的感觉能力，陶冶人们的品性，养成高尚的艺术趣味和健康的审美观念。这种引导"培养"的具体策略，还是要落实到跨文化传播的本土化和国际化的融合上，抓住不同文化"契合点"，既注意审美心理的"熟悉化"，又注意使其"陌生化"。

一个人的艺术审美心理易于和表现他所属的地域文化、民族文化的艺术作品共鸣，同时由于求奇、求新和渴望了解陌生这一系列心理因素制约，也愿意接受他种地域、异族文化形成的艺术作品，正是从这个意义上讲，越是民族的，越容易走向世界。中国电影对国际受众的审美心理与艺术趣味，既要适应又要引导与提高。实际上，在培养国际受众方面，中国电影已经取得了一定成绩。由于几代中国电影人的努力，中国的"武侠类型片"已经在海外培养了大批忠实观众。今后，中国电影还要通过进一步地努力，形成样式更加丰富的"中国类型片"，吸引更多的国际受众，打造好中国电影进军国际市场的品牌。

（四）跨文化传播中的"和而不同"

跨文化传播中的"双赢"策略就是"和而不同"的文化诉求。在与好莱坞电影的同台竞争中，中国电影是缴械投降，还是积极抗争？是消极抵抗，还是勇敢地走出去？这是中国电影首先要思考的问题。以全球化为背景，中国电影的跨文化传播既需要宽广的文化视野，更需要过人的传播智慧。

如何使不同文化的民族、国家和地域能够在差别中得到共同发展，并相互吸收，以便造成全球意识下文化的多元发展的新形势呢？"和而不同"，这既是中国电影跨国传播的文化策略，也是其文化诉求，是全球化时代中国电影走向世界的终极目标。我们不必担心全球化过程中的中国文化失去个性，相反，参与跨文化传播，外国文化会丰富本国文化。因为文化的发展是通过外来与本土文化的融合和相互借鉴而实现的。文化的发展是一个动态多元竞逐的过程……合成的文化无可否认依然是本土的，并成为继续演化的新起点。文化需要交流，没有交流就没有发展。异质文化之间的交流与传播是文化发展的动力。

纵观亚洲新电影的崛起，可以发现他们并未采取与好莱坞"你死我活"的对立模式，而是以文化的"和而不同"为准则，从本土资源中发掘民族特色，在与好莱坞的对话与交流互动中实现"双赢"。美国威斯康辛大学教授大卫·鲍威尔（David Bordwell）在21世纪初香港"第二届国际华语电影学术研讨会"上提交的论文《跨文化空间：华语电影即世界电影》中有这样一段精彩的论断："直率地说，中国电影是属于中国的，但它们也是电影。电影作为一种强有力的跨文化媒介，不仅需要依靠本国的文化，同时也需要吸收更加广泛的人类文明，尤其是分享其他文化的成果。只有具备了吸收不同文化的能力，中国电影才能真正冲出国界并为全世界所接受。"

对于全球化背景下的中国电影来说，面对好莱坞电影的进入和亚洲新电影的崛起，唯有积极参与跨文化交流，秉持"和而不同"的文化传播策略，广泛汲取，大胆创新，才能实现百年中国电影走向全球的美好梦想。

二、中国电视的跨文化传播策略

电视是传统媒介之一，属大众媒介。电视在制作、播放的过程中，对社会生活、个人生活产生直接或间接的影响，其中的有益影响逐渐形成一种文化，可以称作电视文化。电视文化功能包括传播功能、教育功能、服务功能、娱乐功能、引导功能等。虽然电视文化功能众多，但是传播功能是其基础功能，其他功能都是在传播功能的基础上衍生出来的。

媒介面向的是整个社会，传播适合整个社会需要的文化，从这一点上看，电视这种大众媒介是具有社会化功能的。人是社会的成员，媒介对人的社会化的影响体现在"他人导向"的力量。从社会主体的类型来看，可以粗略地把人类社会化的模式分成非传媒型和传媒型。其中传媒型的社会化是指人们通过接受传播媒介，如听广播、看电视、上网等方式来获得相应的知识，通过自己的学习而社会化。不论是教育功能、服务功能、娱乐功能，还是媒介对人的社会化影响，都是基于媒介的传播功能。传播是各种媒介的主要特征，电视也不例外。

与此同时，电视肩负起对外传播的任务，既是时代的需要，也是新媒体对电视冲击的结果。中国作为大国，在世界的政治、经济、文化等各方面占有重要地位，更是闻名世界的东方文明之邦，这就要求我们在传播领域做好交流工作。

文化记忆在社会化过程中形成，是文化得以发展和传承的重要因素。大众传媒以独特的方式对文化进行提取，成为传承民族文化记忆的重要载体。纪录片《舌尖上的中国》

的热播，凸显了在当今媒介商业化背景之下，电视媒介通过唤起文化记忆，达到经济效益和文化效应双赢的传播效果。

（一）发挥电视文化传播的人文价值取向

电视媒体是最为受众所接受的信息传播形式之一。它的优势即它本身是一种综合媒体和现场媒体，声像统一，现场感强，对受众的接受能力有较好的适应性，传播过程中受众的反射弧极大缩小，电视影像可以将传播本体转化为形象的程度最大化。

电视媒体所包含的节目类型众多，电视剧、访谈节目、新闻节目、纪录片……《舌尖上的中国》是中央电视台出品的美食类纪录片，该片通过记录中华美食的多个侧面，展现食物在仪式、伦理等方面给中国人带来的文化。通过记录手艺传承人烹饪食物和食物材料产地居民的生活，使中国人的生活、中国人对生活的美好愿景以及中国人勤俭自强、吃苦耐劳的精神得到展示。下文就以电视节目形式之一的纪录片《舌尖上的中国》为例，分析在对外传播中国文化方面电视媒体拥有的闪光点。

1. 电视的视听优势

《舌尖上的中国》的主题是中华美食，相比历史文化类纪录片，《舌尖上的中国》更受到外国观众的追捧，这是因为美食是全人类的共鸣，不分国界、种族。帧帧画面，通过镜头进行视觉传达，加之优雅的汉语诠释食物的精神，并与中国文化自然衔接，再配以音乐，在听觉上达到完美。《转化的灵感》中，关于豆腐制作的旁白是这样说的："中国古人称赞豆腐有和德，吃豆腐的人能安于清贫，而做豆腐的人也懂得'顺其自然'。而所有这些充满想象力的转化，它们所打造出的风味和对营养的升华令人叹为观止，并且形成了一种叫作文化的部分，得以传承。"镜头所捕捉到的豆腐白嫩细软的画面，与解说词相互映衬，受众可以在视听两方面得到享受。

虽然不同类型的纪录片有着不同的内容，但是画面和声音的双重应用是缺一不可的，可以有所变化、有所侧重。使用画面，可以在传播中扩大受众群，这是因为对于画面的接受没有年龄和学历的限制，从儿童到老者都可以收看。而使用声音，是在于帮助受众更好地理解所要传达的内容与思想。电视这种声画合一的媒体，在对外传播中国文化时，可以将视听优势尽可能地发挥。

2. 电视的叙述优势

纪录片的故事层建立在视听层之上，通过视听符号的组合与变换，构成连贯的、具有意义的故事。电视在"讲故事"方面有着得天独厚的优势，它可以将声画关系运用得如鱼得水，在表达多个主题时，画面淡出淡入，加上旁白，可以将原本烦琐的故事过渡得游刃有余。电视纪录片用一个个故事来表达、凸显主题，是极具说服性的，让受众在眼观画面、耳听旁白的同时，拥有真实感和认同感。观众看到的这些故事主角或许就是日常与自己息息相关的人，故事挖掘平凡却不为人知的一面，国外受众可以更真实地看到新时代的中国人以及承载着五千年历史的中国精神、中国文化。

《五味的调和》中讲到陈皮鸭的故事。"阿伦的记忆里,父母始终只是在店里日夜忙碌的两个身影。在他看来,40多年的生活经历,如果用一句话来概括,莫过于苦尽甘来。中国人善于吃苦,是因为苦味的背后蕴含着更加丰富的味觉感受。"苦尽甘来,是中国人在味觉上对"苦"的辩证思考,更是在逆境中习惯坚持的信念。一只陈皮鸭,不只是阿伦一家的记忆,更是饱含着有着相似经历的中国人的感情。《舌尖上的中国》常常将这些看似平常的人与事作为主题,透过平凡折射出不平凡的中国人精神以及背后的中国文化。

3. 电视的教化优势

电视作为大众媒体,在传播信息的过程中发挥着教化的功能。观看电视节目,是人们了解信息、学习知识的一种渠道,那么,电视就必须在传播中增强文化性和知识性,一方面对本国受众起到教化作用,另一方面在对外传播中担负起宣传本国文化的重任。文化层,是隐藏在故事背后的信仰体系、社会价值、伦理道德等文化要素。电视纪录片作为文化传播的节目形式之一,具有承载不同文化和价值体系的特点。

《舌尖上的中国》通过展现中国人与美食的关系,将隐藏在美食背后的文化传达给受众,潜移默化之中电视的文化优势得以发挥。《舌尖上的中国》中的食物代表了中国各地的饮食特色和文化,陕北的挂面、苏州的糕点、沿海的鲜味……不论是哪里的食物,向观众传达的是食物中蕴含的中国情和中国文化。外国人对中国文化的喜爱,不仅是对中国历史的崇敬,对中国饮食文化的喜爱也很浓厚。《舌尖上的中国》对于中国人是一份情,对于外国人则是异于本民族的新文化,通过食物这种可以品尝的文化,向其他民族展示属于中国的味道、中国的文化。

如果说《舌尖上的中国》第一季的解说词做到了雕章琢句,传达食物的本真,那么《舌尖上的中国》第二季的解说词则从声画层面和故事层面上升到了气息更浓的文化高度,更清晰地向受众传达中国文化。譬如《心传》在介绍苏州糕点时,这样解说道:"从塑造汉字到塑造糕团,象形一直是中国人的独门心传,这是别具一格的糕点,已经不是单纯的食物,而是更高层次的对生活情趣的审美。"画面的丰富,是视觉的刺激,但只有画面是不够的,解说词担当着让纪录片生动起来的重任,语言的传达可以使受众更清楚地了解其中传达的内容,这也就是电视纪录片所特有的优势——能将看不见的文化用语言进行表达,文化的感知便在这一幅幅画面、一段段语言中得到体现、得到升华。

(二) 电视节目类型多样化策略

电视节目的类型多种多样,可以在节目类型上做文章。针对对外传播的需要,多样化电视节目的类型大致有电视纪录片、电视连续剧、文娱类节目这三种,可以作为对外传播中国文化的节目形式。选择这三种节目类型,究其原因:一是这三种节目类型比较常见、受众数量大、适合各国受众进行收看。二是这三种节目类型可选择的传播内容十分广泛,可以根据具体需要进行设计。《舌尖上的中国》作为近年来成功的纪录片,

2012 年 5 月在央视首播后，引起广泛关注；2012 年 7 月在中国台湾公视播出；2012 年 9 月在新加坡星和都会台播出；2012 年 10 月在中国香港 TVB 翡翠台播出。2013 年，《舌尖上的中国》实现了央视纪录片海外销售市场的历史性突破，海外市场的热烈反响让国内纪录片得到了大众的认可，也在海外市场占有一席之地。2014 年 4 月，《舌尖上的中国》第二季登陆央视，美食风潮再次席卷电视荧屏。《舌尖上的中国》的大举成功，让我们看到除了综艺选秀节目能够大红大紫，适应受众需求的纪录片也可以引领电视潮流，给了我们许多在对外传播方面的有益启示。

1. 电视纪录片

电视纪录片，是运用新闻镜头真实客观地记录社会生活的节目形式。电视纪录片的题材广泛、形式多样，画面和解说相互配合，声画合一，并将艺术性融入其中，赏心悦目，同时，受众可以从中了解知识与文化。中国文化包含的内容繁多，人文历史、宗教信仰、风俗习惯，等等，这些都可以采用纪录片的形式进行艺术表现，配合解说以达到对内、对外传播的效果。

英国 BBC 的纪录片闻名世界，涉及题材广泛，历史文化、宇宙奥秘、人文风情……尽收眼底，制作精良，恰到好处的拍摄、精彩的画面配以解说，是一场名副其实的视听盛宴。河南电视台都市频道播出了独家投资、独立拍摄的纪录片《大美河南》，共 5 季 30 集，包括山水篇、美食篇、自然篇、文化篇、民俗篇。中原腹地的美景、美食、文化、习俗一一呈现给观众，这对于中原文化的对外传播无疑助了一臂之力。中央电视台也出品过许多优良的纪录片，如《大国崛起》《贸易战争》《敦煌》《故宫》《圆明园》……以独特的视角带领观众了解中国、了解世界。

2. 电视连续剧

电视连续剧，人们再熟悉不过的节目类型之一。随着时代的发展，各国的联系愈加密切，文化的交流更加方便，将电视连续剧出口国外逐渐成为一种文化传播潮流和商业行为，而观看外国电视剧也成为一种时尚。

韩剧在东南亚的流行，形成了一股韩流风，扩大了韩国文化的影响力，更给韩国创造了经济效益。从《蓝色生死恋》《大长今》，到引领炸鸡啤酒风潮的《来自星星的你》，韩剧在编剧、主演、拍摄各方面都下足了功夫，越来越多的年轻人也模仿韩国的穿衣打扮，喜爱韩国文化。十几年里，韩剧的影响没有减弱，反而愈来愈强劲。

中国历史上下五千年，可作为拍摄的题材很多，将中国文化融入电视剧中，出口各国，传播中国文化和中国思想是个循序渐进的过程，韩流、韩剧所取得的成功，对我们来说是一种启发，更是一种借鉴。

3. 文娱类节目

文娱类节目可以划分为两大类，一类是文艺晚会形式的节目，另一类是娱乐性节目，这两类节目在传播过程中主要起到娱乐、休闲的作用。文艺晚会，是中国老百姓十分熟悉的节目形式，特别以春晚为其代表。央视春节联欢晚会，是中国中央电视台在每年农历除夕晚上为庆祝农历新年举办的综艺性文艺晚会，在演出规模、演员阵容、播出时长和海内外观众收视率上，都创造了世界综艺晚会之最。2014年，央视春晚首次升格为"国家项目"，与奥运会开幕式等同。近几年的春晚打破常规，邀请来自世界各地的艺术家同台演出，其中席琳·迪翁、李敏镐、苏菲·玛索的出演受到极大关注。更重要的是，通过邀请外国艺人，使得各国民众开始关注春晚，了解当今的中国，改变对中国的陈旧印象。因此，中国传统文化的对外传播，可以将央视春晚这种备受海内外关注的节目作为传播渠道。

（三）精英文化与大众文化相结合

一般来讲，大众文化就是大众所创造并欣赏的一种普及文化，精英文化是代表正统的、由主导一个国家或一个民族的那一部分精英所创造和欣赏的文化，也有人称之为"高级文化"。电视文化是电视对当代人生活方式的影响。从文化发展的意义上说，电视传播是文化传播的革命性变革，电视成为改造社会的一种全新的文化力量。

电视文化大众化和精英化的契合点：精英文化大众化，大众文化精致化。随着时代的发展，"精英文化大众化，大众文化精致化"将是大众文化和精英文化的优势结合的方式。一直以来，精英文化"高处不胜寒""曲高和寡"，而大众文化却拥有众多观众。之所以会出现两种文化对立的局面，主要是因为所谓的精英文化节目没有找到一个与大众文化融合的方式，没有找到一个很好的切入点。人们看惯了精英文化一贯高高在上、曲高和寡而又单一的节目形式，更倾向于大众文化节目的平民化色彩。

1. 大众文化精致化

现代传播学理论告诉我们，完整的传播过程，是传播者与受众相互影响的互动过程。电视观众是电视节目价值的最终实现者。电视文化走向大众、走向悦众、走向娱乐是基本趋向，这可能是媒体生存所决定的，也是大众文化的时代所决定的，批判也好，漠视也罢，都不太可能改变它的走向。积极的做法是，倡导有品位的电视文化、有艺术感染力的电视作品、有精神升华价值的电视节目或栏目。

提高大众文化的思想性和文化品位，既不能对它横加干涉，又要防止对它疏于引导。电视要向雅俗共赏的方向发展，走雅俗结合的路子。一方面，高雅文化在保持高品位文化追求的同时，也要从内容到形式上增强可接受性，向大众靠近，这样才有更光辉的前景。另一方面，大众文化在保留对市场经济的适应性、娱乐性、大众性的同时，也要借鉴高雅文化的优点，强化对生活意义的理解和对高尚审美情趣的追求，不断提高品位，推出一批雅俗共赏的文化精品。

电视文艺工作者要挖掘电视文艺的引导功能，陶冶观众，提高自己的审美情趣，要寻找这样的一个契合点，既要使我们的节目符合艺术的规律，体现出丰富的创造力和想象力，有较高的艺术品位，给人以美的享受，又要大众化，为广大观众所喜闻乐见，使广大观众的趣味在潜移默化的欣赏中得到提高。在具体的表现方式、时空节奏处理和视、听表现手段等方面，努力求新求变，做到开放与多样，抓住主要目标观众，尽量做到雅俗共赏，努力寻找和扩大自己的知音，使电视文艺的审美功能得到加强。

2. 精英文化大众化

无论大众文化与精英文化有多少差别，二者都不存在绝对的、明确的界限，这不仅因为大众文化与精英文化本身存在于不同的层次，更因为随着社会的发展和社会成员整体素质的提高，所谓的精英文化不断地被社会大众所接受而成为大众文化，从而二者之间不断地相互转化。所以，广大电视观众应该避免将大众文化与精英文化分化，不能简单地将它们视为"阳春白雪"和"下里巴人"一样的对立物。由于时间和空间的差异，"大众"和"精英"的含义也随之改变。在19世纪和20世纪初的中国，报纸杂志和其他大众传播工具属于精英文化，然而在今天却属于大众文化；意大利歌剧如今在美国和中国都属于精英文化，然而在意大利却属于大众文化。大众文化的创造者也不断地改变着自身的角色，并大有"下里巴人"与"阳春白雪"相互结合的演变趋势。

《百家讲坛》是 CCTV-10 于 21 世纪初开播的一档以传播优秀文化为宗旨的讲座式栏目，从最初开办时的无人问津、收视低迷，到栏目改革后的成功，该栏目在社会各界掀起了一股热潮。究其成功的原因，在于其合理准确的栏目定位、贴近大众的连续经典的选题、传播主体的巨大影响力、悬疑故事化的传播方式以及多种电视媒介方式的综合运用，这些传播策略使其成为科教频道的品牌栏目。该栏目在专家学者和普通老百姓之间架起了一座桥梁，借助于电视媒体这一大众化传播媒介，达到了传播中国传统文化的目的。

《中国诗词大会》是央视科教频道推出的一档以"赏中华诗词，寻文化基因，品生活之美"为宗旨的大型文化类演播室益智竞赛节目。为弘扬中华优秀传统文化，让古代经典诗词深深印在国民大众的脑子里，成为"中华民族文化基因"，通过演播室比赛的形式，重温经典诗词，继承和发扬中华优秀传统文化。创作组在诗词题目的甄选上注重"普及性和专业性并重"，邀请诗词领域的专家学者历时近一年组建诗词题库。入选诗词题目几乎出自中小学课本，涵盖豪放、婉约、田园、边塞、咏物、咏怀、咏史等各个类别，聚焦忠孝、仁义、爱国等中华优秀传统文化主题，带领观众在"熟悉的陌生题"中领会中华诗词文化精髓，透过诗词之美传承和弘扬社会主义核心价值观。

（四）实现电视节目理念的创新

电视节目的创作理念需要体现与时俱进的时代精神，用多样化和深刻性丰富观众的精神文化生活，潜移默化地影响观众的审美和欣赏水平。将精英文化和大众文化结合起来，走一条以浅显通俗的模式传达深刻内涵的娱乐之路，应是当今新形势下电视文化的发展方向。多样化电视节目类型目的在于改变传播的形式，但更重要的是内容的革新，因此，创新电视节目的理念尤为必要。改变旧模式，以新思维创新理念，这是新媒体环境下传统电视进行对外传播的内在革新。

1. 邀请各国人士参与中国节目

加深其他各国对当今中国的了解，这就需要在对外传播这种单向传播上，让外国友人参与进来。电视不同于互联网，它是一种单向传播，受众处于被动的接受地位，电视传播什么，观众就接受什么，没有机会形成双向互动。为了避免电视这种单向传播的劣势，可以转变思维，尤其是在传播中国特有文化时，可以邀请外国友人参与到中国节目中。出于国家情结和民族自豪感，被邀请国家的观众也会收看节目，在收看的过程中了解中国文化，形成间接的双向交流。我们也可以参与到国外电视节目中，展示中国文化。

央视五套的《城市之间》，通过包括中国在内的各个国家的竞技比赛节目，向观众传达各个国家、各个民族的文化与精神。《汉语桥》这档节目，在传播中华语言和中华文化方面起到了重要作用。外国选手在比赛的同时，更多地了解中国。类似这样的节目应该得到更多的关注，才能使电视在面向世界传播中国文化上多出一条路。

鉴于泛北部湾国家在电影方面的共识和迫切合作的愿望，由中越泰三方共同合作、跨越东盟六国拍摄的电视剧《海道传奇》应运而生。这部电视剧以武则天时代为背景，通过一幅海上藏宝图展开剧情，呈现"海上丝绸之路"的风土人情与文化交流。

2. 增强中国文化底蕴

要实现中国梦就必须弘扬中国精神。这种精神是凝心聚力的兴国之魂、强国之魄。中国梦实质上代表了五千年中国文化和中国精神。现阶段，我国正处于快速发展阶段，中国是全球发展的强大动力之一，面向世界传播中国文化和中国精神，是包括电视在内所有媒体必须承担的职责。

电视节目在对外传播中国文化和中国精神的同时，要增强节目的中国文化底蕴，考虑运用怎样的传播方式达到最好的传播效果，这也需要分析国外受众的理解能力和接受能力。中央电视台设有英语频道、西语频道、法语频道、阿拉伯语频道等外语频道，专门面向外国人。CCTV-1、CCTV-3、CCTV-4、CCTV-13、CCTV-NEWS、CCTV-E、CCTV-F 与其他华语频道借助长城平台，在美国、加拿大、法国、亚洲、拉美地区通过有线电视、卫星电视等方式播出。我国现有的电视资源十分丰富，应该充分利用好这些资源，融入中国文化和中国精神，增强中国底蕴。

网络日益发达，人们越来越多地利用视听新媒体了解、认识世界，但是电视这种传统媒体拥有着其他媒体所没有的优势，受众基数大、节目形式多样、选择性大……电视在对外传播方面依旧扮演着重要角色。如何通过电视把中国文化和中国精神传播到世界各地？需要动用电视的优势、避免其劣势，寻找新途径。新媒体的出现的确给电视带来了压力，因此，电视需要找出新媒体不具备的传播方式，增强自身竞争力。电视对外传播中国文化和中国精神，不仅是在提升中国形象，向世界展示中国历史的悠久、中国文化的厚重和中国智慧的博大，同时也激发了中国人民的民族自豪感和自信心。

3. 对文化的维系和构建

电视作为家家户户都有的家用电器，已经渗透到当代社会的每个角落。人们已经把看电视当作了日常生活的一部分。电视的诞生，史无前例地影响了人类的生活方式、思维方式和生产方式，它可以让全世界同时共同关注、参与同一个事件。电视文化潜移默化地改变了人们的思维方式。

流行的电视节目所体现出的电视文化是反映当前社会共同体中多数人的心理、偏好和需求的一扇窗。电视节目包含着的正是电视的文化属性，是满足人们物质和精神需求而产生的，带有物质文化与精神文化。

（1）电视剧对文化的维系

电视剧是体现和传达文化的各种手段中最贴近生活、影响力最大最深远的一种形式。在一个多文化种类的星球上，不同文化的人们彼此之间的交流是不可避免的，电视提供了展示不同文化机体的平台，而电视剧为当下传播最广泛、受众最多、渗透最深的优势成为文化交流互动中最为直接的艺术形式。

构建一个和谐的电视文化平台，需要从媒体到频道再到节目多方面的合作，需要确定科学的管理机制，这就是电视文化中的制度文化。我们应整合有限的资源，加强集团化建设，减少恶性竞争，倾力打造地域性文化品牌。

（2）电视媒体的产业化构建

建立一套以市场为导向的节目生产、流通和播出体系及其相应的管理体系，把电视行业纳入中国市场经济的大体系中。内部整合发展，通过跨区域合作经营与兼并，联合组成跨区域新媒体。突破行业限制壁垒，实行跨媒体立体整合，实现资源重组。

第一，电视频道专业化与风格化构建。同一个电视节目不可能吸引所有的观众，所以观众分流是必然出现的。电视频道应该明确自身定位与受众定位，正视这一点，对现有的资源进行理性整合，使一个频道的节目专业化，锁住观众中的一部分人的视线，才能更好地获得发展。需要保证专业化频道的节目来源丰富、充足，拒绝庸俗与低级趣味，展现理性追求和人文关怀。对频道节目内容深度挖掘，找出受众所想知道而不知道的卖点。

第二，电视节目的品牌化构建。电视节目的品牌化建设应该有长效、持久的支撑性资源，确立电视品牌节目的明确定位。以丰富的节目内涵和优秀的节目质量来构建电视节目品牌。保持不断创新和自我超越，随着观众精神需求的转变而转变。面对开放后的国际市场，要创立中国品牌电视节目的民族品格。

第三，电视文化并非孤立的、偶然的存在，在一定程度上受到社会文化环境的影响和制约。确立了科学合理的管理体制和思维理念，才能保证中国电视文化产业的良性发展。电视产业究其本质是一种创意产业，电视传播的竞争在很大程度上也取决于创意的竞争。有创意的电视节目在保持外在形式常出新的基础上，更应及时剖析当下的社会心态，用适当的内容潜移默化地抚慰与影响受众的心灵，激发受众的共鸣，这样的节目才会具有持续发展的可能性。

第三节 新媒体文化传播策略

　　新媒体是一个相对的概念，是报刊、广播、电视等传统媒体以后发展起来的新的媒体形态，包括网络媒体、手机媒体、数字电视等。新媒体亦是一个宽泛的概念，利用数字技术、网络技术，通过互联网、宽带局域网、无线通信网、卫星等渠道，以及电脑、手机、数字电视机等终端，向用户提供信息和娱乐服务的传播形态。严格地说，新媒体应该称为数字化新媒体。

　　新媒体就是能为大众同时提供个性化的内容的媒体，是传播者和接收者融汇成对等的交流者，而无数的交流者相互间可以同时进行个性化交流的媒体。新媒体的特征具有交互性与即时性、海量性与共享性、多媒体与超文本、个性化与社群化。

　　新媒体的发展将是未来媒体发展的新趋势。传统意义上的媒体是通过电视、广播、报纸、杂志，单一形式地完成对于信息的传播，而新媒体是在传统意义的媒体的基础上，运用数字媒体技术开发创意完成对于信息的传播、加工以及新的诠释的一种新的媒体概念，也可以称作是第五媒体。新媒体的形式随着生活、科技以及人们对于信息的需求瞬息万变，以不同的形式出现在人们的视野中，比如时下非常风靡的移动电视流媒体、数字电影、数字电视、多点触摸媒体技术、重力感应技术、数字杂志等诸多形式。新媒体技术的应用体现了受众群体对于信息的抓取更加深入，希望得到更大程度上的互动，以及对于信息的重新自我诠释，受众可以根据自己的喜好经历参与其中，获取自己最想得到的信息。新媒体技术的诞生，是人们将平面媒体信息获取的枯燥性、延迟性、非互动性等不足的方面加以整合，运用数字技术、无线技术和互联网三方面技术，改善了受众群体对于信息量冗杂以及信息质量残损的劣势，使得信息在保证量的基础上，更加能使多个受众群体得到及时的沟通、交流、反馈，达到了市场、受众、市场反馈的良性循环模式，更大程度上清除了信息的冗余。因此，新媒体又可以定义为：互动式数字化复合媒体。

　　新媒体的参与性非常强，不需要太复杂的设备、技术以及人员的配备就可以创作你自己的新媒体作品，如当下热捧的定格动画。在新媒体技术还未诞生之时，人们想通过简单的方式表达自己独创的想法有些许困难，但当新媒体技术诞生后，你只需要一台相机、一个剪辑软件，以及你充满创意的想法，就可以完成一个新媒体的产物——定格动画。你可以将你的想法通过手工的形式加上拍照技术，在剪辑软件上将其排序剪切，再配上声音，便是你独一无二的数字微电影。每秒 24 张照片的速度可以让你的定格画面动起来，让你获得当导演的乐趣。

　　新媒体技术就是交互式媒体的展现，未来媒体的发展趋势便是受众与媒体之间更多更深层次的互动。

一、统筹媒体的发展策略

随着以互联网为载体的新兴媒体的快速发展,全球信息传播快速化、多样化,"地球村"概念打破了传统的时空观,人们与外界甚至世界任何一个角落的联系更为紧密、更为便捷。同时,地球村的出现,使得传播需要考虑更多因素,运用更多传播手段。而视听新媒体的出现和快速发展,正是适应了传播的需要,并发挥着重要作用。

融合媒体是创新的技术平台,是新媒体内容的加工基地,承担所有新媒体领域的技术支撑,并负责产品设计和市场对接,可从八个方面统筹媒体的发展。

第一是理念的融合。光明日报是面向知识界、文化界的中央媒体,是中国知识分子的家园。光明日报和光明网媒体品牌新闻理念核心价值上高度统一。

第二个是流程的融合。以前的流程是两张皮,没有交集,现在必须把内容采编和发布统一在一个技术平台上,根据新闻事件的特点和过程来布置采集的方式,协同作业。

第三是技术融合。只有将最新的技术和媒体的技术设施融合起来,融媒体才有发展的动力。

第四是产品的融合。媒体融合发展的关键是要创新业态、创新产品,以产品为轴心,重组资源。近年来,光明网先后推出了光明云媒等新媒体产品,这些产品在新闻价值上与光明日报理念一脉相承,用户特色各有细分。

第五是人才的融合。需要建设一支业务水平高、反应速度快的新闻队伍。

第六是渠道的融合。现在已经发展到内容与人才并重,就是要解决新媒体、新技术的局面下如何保持对新的渠道的关注和应用,并具备策划全新渠道的能力。

第七是市场的融合。这是一个自然而然的结果,过去光明网主要是依赖传统报纸,现在广告收入呈现了良好的增长态势。

第八是资本的融合。现在仅仅依靠报社自身的积累显然不现实,要通过资本运作实现产业化的布局,提升市场的能力。

媒体融合发展是传统媒体的转型方向,也是新媒体的发展机遇。新闻网站,新闻聚合,破解同质化的困局,实现网络媒体品牌特色的差异化。

二、微媒体传播策略

(一) 新媒体出现了四个显著的变化

自2013年以来,中国新媒体发展进一步呈现移动化、融合化和社会化加速的态势。在这种态势下,中国新媒体出现了四个显著的变化,基于新媒体的微传播已经成为促进中国社会发展的新动力。

第一,微传播成为主流传播方式。基于移动互联网的微博、微信、微视频、客户端大行其道，微传播急剧改变着中国的传播生态和舆论格局。

第二，传统媒体和新兴媒体正在加速融合。传统媒体纷纷推出新媒体战略，拓展传播空间，而新兴媒体凭借技术优势整合传统媒体资讯再传播，新媒体引发又一轮传媒革命。

第三，新媒体的社会化属性增强。功能不断拓展的新媒体正在快速向政治、经济、社会、文化各领域延伸。微政务成为创新中国社会治理的新路径。新媒体引发产业升级和互联网金融热。微交往、微文化正在推动社会结构变革和文化发展。

第四，新媒体安全成为重要的国家战略。新媒体正在超越传统媒体成为跨越诸多领域的"超级产业"，而新媒体的安全问题日益成为各个国家战略考量的重点。2013 年以来，在顶层设计的强化下，中国新媒体在社会发展中的战略地位进一步凸显。中国正迈步从新媒体大国走向新媒体强国。

（二）微媒体的三大类型及其传播策略

微媒体主要指以微博和微信等社交软件为代表的媒体，从微博、微信到微小说、微电影等。"微"事物满足了人们在快节奏的生活中以最短时间获取最多信息的需要，使人们在有意无意间将"碎片化"的时间充分利用。这类媒体呈现出以短小精练、多手段、多方式的表达形式进行文化传播与信息交流乃至进行情感沟通的特征，信息量大，信息内容以几何增长的速度快速传播，具有超强的冲击力和震撼力。

当代的媒体消费趋势呈现出碎片化、微小化的需求。以移动互联网为基础的微媒体时代到来，微博、微信等传播媒介正逐渐成为信息传播的重要工具，用户凭借微媒体分享并持续地生产各类信息资源，信息的传播呈现出即时性、流动性、互动性、融合性的特征，正在冲击着传统传播学的传播概念。

1. 微博

2011 的 5 月 10 日，新浪微博又推出了自己的新浪微电台，使微博的用户可以凭借智能手机等客户端在收听移动广播的同时还能实时浏览微博、参与大家的互动，这种群体的互动和舆论引导功能，在有突发事件出现时体现得更为明显。中国之声的新浪微电台在 2011 年 8 月 10 日正式上线，众多中国之声听众通过其官方微博与其进行互动。从日前掌握的数据来看，全国有多家电台在新浪上开通了微电台，其中中国之声影响力排名第一。微电台不仅具有互联网传播与广播两者的优点，还可以使得移动广播由单一的音频传播升级为音视频同步和双向传播的广播新形态，大大拓宽移动广播的发展空间。

2. 微信

微信与移动广播从特点上看，有着很高的亲近度。腾讯公司在 2011 年 1 月推出微信，并在 2012 年 8 月开始启用微信公众平台，到目前为止，微信的用户已经超过 11.51 亿，俨然成为国内最重要的微媒体平台。微信与移动广播都依赖于手机这个移动终端，契合移动人群的使用特点，从媒介属性上有着天然的联系，并且可以实现信息的共享和兼容。与微信的结合，可以增强移动广播的互动性，产生二次的开发内容。微信信息传播是一种以 P2P 为基础的社会化网状人际传播模式，因此具有便捷的文字以及语音回复功能，与微博、短信相比较，听众更乐于在微信上与广播节目进行实时的互动、实时路况爆料等，可以大大地增强广播节目的现场感、吸引力以及感染力。微信在移动广播中的应用不只是微信互动和微信路况，还可以建立微信电台、微信商城等。通过技术手段连接到微信的电台助手，微信就可以轻松地拓展出节目点播、节目回放、天气预报、雾霾指数、违章查询、幸运抽奖等众多实用功能。

3.App 客户端

移动广播手机客户端作为传统广播的一种延伸，为移动广播的发展开拓了新的传播渠道。根据相关的调研资料，目前大众常用的广播 App 客户端有蜻蜓 FM、龙卷风、各家电台自己的 App 等，客户端的普及使移动广播的收听和消费更加便捷。国内目前有独立 App 的广播电台有数十家，从种类上看主要是分两类：第一类是以广播收听、点播、互动等功能为主，像厦门音乐广播、济南经济广播等；第二类是针对交通广播移动人群收听需要开发，除了收听、互动等功能之外，听众可以通过 App 客户端实时查询到路况播报，像北京交通广播等。

三、广播媒体微信公众账号的运营策略

微信公众平台在传播的广泛性、即时性、互动性等方面具有独特优势，充分发挥这些优势就能取得文化传播的良好效果。

（一）明确定位微信账号承担的功能

微信能使用语音发送信息，与广播的媒介属性有着天然的联系。一般来说，不同层级的微信账号承担不同的功能，如频率的公共账号侧重在微信平台上推介本频率节目、树立形象和维护关系；而节目层面的微信更有针对性，可利用微信拓展节目内容、吸引忠实听众。从广播媒体已有账号的运营经验来看，微信主要有如下功能：一是节目预告，为节目争取潜在听众；二是内容推广，将节目的核心内容进行深度挖掘或在微信上进行二次传播；三是沟通互动，获取听众提供的线索，实时反馈信息或意见建议；四是活动或产品推广，发布活动信息或节目附属产品的相关内容。广播频率和节目可根据自身实际，有重点地选择一个或多个功能。

（二）精心策划所推送的信息

微信公众账号推送的信息包括内容和形式两方面。媒体使用微信公众平台的目的和定位不同，发送的内容会有差异。在推送信息的表现形式上，不仅与内容本身有关，也与公众账号运营人员使用微信的技巧有关。

新闻类广播频率的微信常使用"图文报摘"型。这种图文报摘消息的头条使用图片

和大标题，点击可查阅正文，其他内容以标题链接的形式。中央人民广播电台的"央广新闻热线"、中国国际广播电台的"环球资讯广播"等账号就是如此，它们依托母媒体强大的信息资源，把微信平台打造成免费的手机报。专业型的广播频率或节目往往把微信平台做成信息速递工具。中央电台经济之声将节目中的核心内容分时段提炼出来，在节目播出前以文字或图片的形式发送，既提纲挈领，又起到节目预告的作用。另外一些专题类的节目，喜欢把微信做成杂志类的阅读物，每天推送一篇较有深度的内容，形式上类似图文报摘的头条，包括标题、图片、内容预览及阅读全文的链接。如北京电台的"照亮新闻深处"每天发一篇与前一天节目话题相关的文章，"1039旅途"每天介绍一个特色旅游景点，中央电台都市之声则是结合频率的定位每天发一篇优美散文。

微信公众账号的内容应具备实用性、贴近性、可读性，在形式上要综合运用微信提供的各种功能和排版方式，形成自己的发布模式，尽可能地贴近和满足听众的需求。

（三）打造令人印象深刻的独特风格

微信的最大特点是还原人际传播的基本特征，因此，广播媒体在利用微信公众平台的时候要时刻记住，它并不是一个严肃的媒体平台，即使要用它做严肃的事情，也应该顺应它亲和、贴近的本性，也要像一个性格分明的"人"一样去跟粉丝沟通。

在这一方面，中央电台都市之声《FM中国好声音》节目的工作人员就对微信账号进行了"拟人化操作"，在关注其微信后的提示信息中，它说"欢迎亲们随时与小文互动，如果回复慢了，请耐心等待一会儿"，这让人一下子就感受到有一个与其平等沟通的对象。北京电台音乐广播的微信账号叫"先听为快白米饭"，主持人白杰和小图钉延续了在节目中的搞笑风格，常常现"声"说法，向粉丝预告话题、分享生活趣事。

（四）运用图片、标题、文字标签等方式强化碎片化传播

手机作为媒体具有便携性、移动性、个性化的特点。广播在利用微信进行传播时，也应遵循受众使用手机的规律，让传播内容适应"轻松、轻便、碎片化"的需求。目前，图片的使用已经比较普遍，大家纷纷挑选有代表性、视觉冲击力强的图片，以追求在最短的时间内将信息传递出去。标题和文字标签的使用还不多，但已能看到明显的传播效果。

（五）全过程、全方位、多角度发起互动

如果要对一个微信公众账号的运营情况进行评估，互动效果应为其中的重要一项。在现实情况中，大多数账号仅仅把微信当作一个单向推送信息的工具，并没有发挥其互动的优势。而好的运营经验是，在小小的一个账号中，利用一切可利用的资源提供互动方式，号召粉丝参与互动。中央电台中国之声的"央广新闻热线"，在微信账号的功能介绍中发布了节目的热线号码，号召公众提供新闻线索、参与互动活动。经济之声的"交易实况"，在关注账号后的提示信息中提供了节目在短信、微博、网络等多个平台的互

动方式，向粉丝展示了各种反馈信息的入口。都市之声的"时尚知道"，每天主动推送的内容仅仅是一条特别制作的标题，若要获得详情则需要回复相应内容，有效地激发了粉丝参与的积极性。

（六）重视多媒体平台的推广

有很多广播媒体的公共账号粉丝不够多，往往是运营人员苦心经营，但鲜少有人响应。这是因为广播媒体的微信账号在推广上存在局限。

一方面，微信这个平台以熟人社交为主，没有微博中类似"广场"的公共空间。因此，用户很少有机会"偶遇"自己想找到的账号，只能是在已经明确知道账号名字的基础上，主动去搜索广播媒体微信公众账号。广播媒体的公共账号能否被搜索到，与媒体本身的知名度和影响力关系很大，也与其在运营时品牌识别是否统一有关。另一方面，其他的媒体如电视、报纸、杂志在推广微信账号时，可以直接在版面上刊登二维码，用户轻松地一扫，即可成为账号粉丝。

广播是声音的媒体，没有这样直接有利的方式吸引听众去关注其微信账号。因此，广播媒体若要增加其微信平台的影响力，除了保证提供优质的内容，还要借助各种资源的力量进行推广。一是利用媒体的联动效应，加大在广播、微博等平台的宣传力度，在节目中反复播报、推广，或借助媒体在网络、微博等其他新媒体平台的力量，尤其是增加使用平面媒体发布二维码的机会。但无论哪一个平台，粉丝和人气的聚集都需要长时间地积累和努力，这就对广播媒体在新媒体时代的运营能力有很高的要求。二是借助线下活动，聚集核心受众，通过一小群人"带动"更多的人，加速互动传播和口碑传播。

第四节　对外汉语教育中的文化传播策略

语言是文化的载体，对外汉语通俗来讲就是汉语的出口，是中国文化的对外传播。当下对外汉语发展情况良好，许多国家都开设了孔子学院，部分世界顶尖大学甚至开设了汉语课程，这说明世界其他国家对于汉语和中国文化还是相当认可的。当前世界正在构建地球村，不同民族、国家和文化之间的交流越来越多，竞争也越来越激烈。对于中国而言，汉语是中国文化浓缩的结晶，更是中国传统文化的载体。汉语不仅承载了中国的传统文化，更承载了中华民族的意识与精神。由于世界其他国家对中国的传统文化了解不多，对中国社会当前发展的现状也所知甚少，因此通过对外汉语传播中国文化，有利于其他国家对中国及中国文化的了解。再就是中华民族的无限魅力，引起了不少外国人对汉语学习的渴求，对外汉语便成了新世纪的热门学科。

一、汉字与汉文化的理论概述

汉字，得名于汉族和汉朝，是记录汉语的书写符号系统。至今为止，汉字不仅仅是持续使用最久的文字，更是上古时期各个文字系统中唯一传承到今的文字。"盖文字者，经艺之本，王政之始，前人所以垂后，后人所以识古。"著名语言学家古德诺夫曾说："语言作为文化的组成部分，其特点体现在：它是学习文化的重要手段，人们在掌握和使用语言的过程的同时获得整个文化。"

由此看来，作为汉语言的书写符号系统，汉字不但具有工具性，也具备传承思想文化的功用。它是一种充满时代色彩、地域观念、人文心理等的动态文化符号，它本身就能够被看作是一种文化信息的载体。因此，将中华文化运用到汉字教学当中可谓是一箭双雕，既能高效地实现学习者会认、会读、会写汉字的学习目的，又将中华文化加以传播，何乐而不为。

二、文化渗透汉字教学的策略

在对外汉语教学中，汉字教学可以分三个阶段，即初级、中级、高级。各阶段对教学任务和识字数量的要求都有所侧重，因而教学方式应该也有所变化。

（一）说文习字，培养兴趣

在学习者学习汉字的初级阶段，汉字教学并不只是关注学习者识字量的问题，同时还是培养学习者对汉字的兴趣的关键时期。是否喜欢学习汉字，并积极主动地学习汉字，这将对学习者今后各个阶段的学习都产生极大的影响。在这个阶段，汉语教师可以在讲课当中用到"六书"中象形、指事、会意、形声这四种造字法，简单举例并在讲解过程中使用基础的文化知识辅助教学。学习者初学汉字，应当从独体字入手，由象形字开始。

象形文字是指纯粹利用图形作为文字使用，它临摹事物的外形或显著的特征，能够直接让学习者了解字义并对汉字字形产生兴趣、深化记忆。虽然象形字在汉字总数中所占分量不大，但是它却是构成汉字的基础，很多的会意字、形声字都是由象形字构成的。所以，掌握好象形字是掌握汉字基本构件所必需的。从汉字来源入手，让学生印象深刻。指事字是一种抽象的造字法，也就是当没有或不方便用具体形象画出来时，就用一种抽象的符号来表示。大多数指事字是在象形字的基础上添加、减少笔画或符号。例如指事字"本"，在"木"下加一短横"－"，特指"木"之根，引申为根本。会意字有两种取象方式，一种是"以形会意"，比如："休"字，甲骨文就像是一个人倚在树下休息；"益"字，取水从器皿中溢出之态。此类会意字的绘画意味较浓，细节描绘突出，字形对表意起决定作用。另一种是"以义会意"，就像"从"，两个人在一起，表示二人一起行走；树木较少为"林"，树木很多为"森"。这样的教学方式会让学习者学习起来非常感兴趣。

再比如"王"在古代文字中，世人多认为是一个斧头的形状，因古代统治者多用暴力来统治人民，此为象形。而董仲舒说："古之造文者，三画而连其中谓之王。三者，天、地、人也，而参通之者王也。"孔子说："一贯三为王。"他们则认为"王"字是会意产生的汉字。由于学习者处于初级阶段，当这类汉字造字法存在争议的情况下，最好只用一种便于理解的方法进行讲解，可以降低学习者汉字学习的难度，不至于磨灭学习者学习汉字的兴趣。

（二）汉字结构，讲解文化

中级阶段的汉字教学的重心应放在字形辨析上，要将汉字书写能力作为一个重要的点贯穿其中，并进入词语拓展阶段。当识字数量累积到一定程度时，教师应积极引导学生区别异同、辨析字形，促进学生书写汉字和认读汉字准确性的提升。所谓"汉字书写能力"，包括笔画的形状、组合关系、结构、部件、笔顺、基础的造字规律等汉字书写的基础知识。

偏旁是构成合体字的基本单位，具有归类的作用。偏旁分为形旁和声旁。汉字是表意系统的文字，它的形旁自然而然就担当了表意的角色。拥有相同形旁的汉字，往往具有相同的义类属性。由此，我们可以通过对汉字偏旁分类总结，使学习者对字义有进一步的了解，认识字形，加强结构观念。例如：当我们讲到"江"字的时候，可以告诉学习者，它左边的"氵"旁是由汉字"水"演变而来，是一个形旁，一般具有这个偏旁的汉字与"水"有关。然后给学生总结出"海、河、湖、泊"等，并利用中国有关的景色照片，让学生对这四个字加以区分。在讲"打"的时候，可以先从"扌"讲起，说明"扌"实为"手"的变形，带此偏旁的多与"手"有关等。

与此同时，教师应该准确了解汉字构成与演变，避免对学生产生误导。例如讲解"股"字的时候，可以告诉学生当"月"字旁在汉字左边时，为"肉"的变写，这样的汉字多与"肉"有关，如"胖""肺""肚"等；而"月"字在古时多和天文有关，如"明""朗""朝"等。这样，通过教师的正确引导后，在今后的学习当中学生会主动地对"月"字旁的汉字含义进行猜测与学习。如果遇到易混淆的偏旁，比如学习者经常分不清"礻"字旁和"衤"字旁，教师在进行区分时，可以讲到"礻"旁是"示"作偏旁的变形。从"示"的字，一般与神灵有关，像"神""祈""祥"；而"衤"旁则是"衣"的变形，带"衣"字偏旁的字都与衣服相关，像"袄""裤""袜"等。运用这样的方法教学而非死记硬背频繁抄写，可以从文化层面减少学习者汉字书写的错误率，并且不至于让学生对汉字书写产生恐惧心理。

（三）讲述汉字故事，寓教于乐

最后的高级阶段，也是提高阶段。可以着重讲解基础的汉字学，虽然前几个阶段的过程中都需要文化知识作辅助作用，但是该阶段讲解了系统的汉字文化知识、汉字形声字复杂的表音系统、字理知识以及汉字的文化底蕴，等等，由分到总重点分析汉字当中的文化信息，以更好地达到学习者习得目的语的目的。如关于"年"的文化故事："年"是汉族民间传说的凶兽，头长尖角，凶猛异常。年兽长年深居海底，每到除夕，爬上岸来吞食牲畜伤害人命。因此每到除夕，村村寨寨的人们扶老携幼逃往深山，以躲避"年"的伤害。又到了一年的除夕，乡亲们像往年一样都忙着收拾东西准备逃往深山。这时候村东头来了一个白发老人，他对一户老婆婆说，只要让他在她家住一晚，他定能将"年"兽驱赶走。只见当天，白发老人身穿红衣，在屋门上贴红对联，在屋外放着鞭炮，敲锣打鼓，"年"兽便逃跑了。所以，每到过年的时候要放鞭炮、穿红衣服、贴红对联、敲锣打鼓。这样，在讲解汉字"年"的同时，也给学生灌输了中国人过年"贴对联、放鞭炮"等文化习俗，寓教于乐，不仅让学生学到了知识，也让中国文化得到了传播。再比如这样一个故事：在历史课堂上，老师问一个学生："屈原是什么人？""是医生。"学生回答。"胡说！""怎么胡说呢，书上说他是大夫嘛！"这样有趣的故事，既能让学习者知道"大"这个多音字，也能引起学生对屈原这个历史人物进行了解的欲望。还可以使用对联，如，上联：冻雨洒窗，东两点西三点，东西都有；下联：切瓜分客，横七刀竖八刀，横竖俱全。这是个拆字联，对冻、洒、切、分等字进行拆分，这样可以在吸引学习者注意的同时，也让学生对自己学习的汉字有进一步的了解。

（四）讲练结合，预防枯燥

书法是汉字的形态之美，是汉字的审美艺术化。提到汉字解构文化，必不可少的是书法，中国书法是汉字书写的艺术，书法艺术与汉字文化之间存在极为深刻的内在联系。如果在学习过程中让学习者通过练习书法的方式进行书写练习，会让枯燥的写字变得富有乐趣，有助于学习者对汉字笔画和结构的记忆。由初级阶段的临摹，到一点点自主书写，在学习者快乐地学习汉字的同时又传播了中国的书法文化，一箭双雕。还可以让学生从学到的汉字小故事当中进行发散想象，编写汉字小品在课堂进行展示，这样主动的记忆方式不失为一种好的教学方法。"猜字谜"是一种文字游戏，也是汉民族特有的一种语言文化现象。这又是一种练习汉字的好方法，例如：二月（打一字）——朋，七人草下躲（打一字）——花，又小又大（打一字）——尖，这种字谜的编写或是利用了汉字的造字规律，或是利用了汉字形、音、义某一方面的特点，显得既有趣味又有知识内涵，学习者在猜谜的过程中又一次对汉字结构进行记忆，印象深刻。

汉字教学并非以符号识记为主要目的，以强化语言符号为基础表征，其实，归根结底依然是一种文化选择。因此，汉字教学的一个要点，就是要把握汉文化的内涵，进行文化的传播，文化教学应该在汉字教学过程当中贯穿始终，并逐渐增强、逐步深入。从而使学习者了解汉字背后的文化深意，学到纯正、地道的汉语，并在获得汉语语言交际能力的同时，完成由汉语言文化的仰慕者到传播者的改变。

第六章
"一带一路"倡议与中华文化传播

"一带一路"倡议是指习近平总书记 2013 年 9 月和 10 月在出访中亚和东南亚期间，分别提出的建设"丝绸之路经济带"和"21 世纪海上丝绸之路"的合作倡议，得到了丝绸之路沿线国家以及海上丝绸之路沿线国家的强烈响应。丝绸之路经济带主要从中国到中亚、外高加索然后通往欧洲；海上丝绸之路主要是东南亚、南亚一直到非洲。有近 60 个国家表示参与支持"一带一路"倡议。这意味着，在欧亚大陆上至少有一半的国家已经明确表示愿意参与，而且，愿意参与的国家数量还在不断增加中。丝绸之路经济带和海上丝绸之路，除了是经济贸易的重要纽带，也是文化交流、人文交流、文明相互交融的重要纽带。

"一带一路"，是世界上跨度最大的经济大走廊：发端于中国，贯通中亚、东南亚、南亚、西亚乃至欧洲部分区域，东牵亚太经济圈，西系欧洲经济圈，覆盖约 44 亿人口；"一带一路"，是世界上最具发展潜力的经济带：沿线大多是新兴经济体和发展中国家，普遍处于上升期，无论是从发展经济、改善民生，还是从应对金融危机、加快转型升级的角度看，沿线各国的前途命运从未像今天这样紧密相连、休戚与共。新丝路合作倡议契合沿线国家的共同需求，沿线各国是共建"一带一路"的天然合作伙伴。

"一带一路"合作倡议是要建立一个政治互信、经济融合、文化包容的利益共同体、命运共同体和责任共同体。

"一带一路"合作倡议涉及政策沟通、设施联通、贸易畅通、资金融通、民心相通五个方面。"一带一路"承担着国家的重点任务，主要有促进贸易稳定增长和结构升级、拓展与沿线国家双向投资、建立针对沿线国家的援助战略体系、提升区域经济一体化水平、深化与沿线国家全方位交流、发挥地方比较优势形成资源整合等。国家为推进"一带一路"建设，在财税支持、金融政策、贸易投资体制等方面提供保障措施。

第一节 "一带一路"倡议下文化传播大有可为

构建"丝绸之路经济带"和"21 世纪海上丝绸之路"是中国当前全面深化改革、开创高水平对外开放新局面的重要战略。在"一带一路"倡议中，人文交流与经济合作是两条同样重要的主线，二者相得益彰，互相促进。依托"一带一路"进行文化传播，是加快文化"走出去"步伐、构筑新时期对外文化战略的必然要求。

一、"一带一路"的战略意义

（一）时代发展的必然选择

2 000多年前，中国汉代张骞出使中亚，开辟出横贯东西、连接欧亚的古丝绸之路；随着古代航海业的不断发展，中外之间的海上贸易运输日益兴起，逐渐形成海上丝绸之路。丝绸之路不仅是中国与欧亚非各国之间商业贸易的通道，更是沟通东西方文明的桥梁。正是在丝绸之路的引领推动下，世界开始了解中国，中国开始影响世界。丝绸之路在推动东西方思想交流、文化交融、全球经济一体化、人类文明多样化方面发挥了十分重要的作用。在新的历史时期，随着中国与沿线国家经济文化联系的日益密切，古老的丝绸之路重新焕发出生机与活力，迎来难得的发展机遇。建设"一带一路"，是我们顺应时代发展潮流的必然选择。

（二）探寻经济增长之道

"一带一路"是在后金融危机时代，作为世界经济增长火车头的中国，将自身的产能优势、技术与资金优势、经验与模式优势转化为市场与合作优势，实行全方位开放的一大创新。通过"一带一路"建设，共同分享中国改革发展红利、中国发展的经验和教训。中国将着力推动沿线国家间实现合作与对话，建立更加平等均衡的新型全球发展伙伴关系，夯实世界经济长期稳定发展的基础。

"经济带"概念，就是对地区经济合作模式的创新，其中经济走廊——中俄蒙经济走廊、新亚欧大陆桥、中国——中亚经济走廊、中国——中南半岛经济走廊等，以经济增长极辐射周边，超越了传统发展经济学理论。"丝绸之路经济带"概念，不同于历史上所出现的各类"经济区"与"经济联盟"，同以上两者相比，"经济带"具有灵活性高、适用性广以及可操作性强的特点，各国都是平等的参与者，本着自愿参与、协同推进的原则，发扬古丝绸之路兼容并蓄的精神。

（三）实现全球化再平衡

传统全球化由海而起，由海而生，沿海地区、海洋国家先发展起来，陆上国家、内陆则较落后，形成巨大的贫富差距。传统全球化由欧洲开辟，形成国际秩序的"西方中心论"，导致东方从属于西方、农村从属于城市、陆地从属于海洋等一系列不平衡不合理效应。如今，"一带一路"正在推动全球再平衡。"一带一路"鼓励向西开放，带动西部开发以及中亚、蒙古等内陆国家和地区的开发，在国际社会推行全球化的包容性发展理念；同时，"一带一路"是中国主动向西方推广中国优质产能和比较优势产业，将使沿途、沿岸国家首先获益，也改变了历史上中亚等丝绸之路沿途地带只是作为东西方贸易、文化交流的过道而成为发展"洼地"的面貌。这就超越了欧洲人所开创的全球化造成的贫富差距、地区发展不平衡，推动建立持久和平、普遍安全、共同繁荣的和谐世界。

（四）开创地区新型合作

中国改革开放是当今世界最大的创新，"一带一路"作为全方位对外开放战略，正在以经济走廊理论、经济带理论、21世纪的国际合作理论等，创新经济发展理论、区域合作理论、全球化理论。

建设"一带一路"将为沿线各国发展提供新机遇。当前，国际金融危机影响尚未结束，世界经济增长不稳定不确定因素增多，全球贸易、投资格局和资金流向酝酿深刻变化，亚欧各国处于经济转型升级关键阶段，经济发展面临不同程度的困难和挑战。"一带一路"将成为横跨中西、连接欧亚的经济纽带，实现各国以经济合作为重要内容的区域大合作，以点带面，从线到片，使区域内各经济要素有序自由流动和优化配置，带动沿线国家经济转型和发展。

（五）维护地区和平与稳定

建设"一带一路"是维护地区和平与稳定的需要。欧亚地区是国际政治舞台的中心地带，由于其重要的地缘战略地位，各大国都非常重视在此扩大影响。建设"一带一路"，有助于各国通过合作来促进共同安全，有效管控分歧和争端，推动各国的协调与和谐，使沿线国家成为和睦相处的好邻居、同舟共济的好朋友、休戚与共的好伙伴。

二、文化交流与合作是"一带一路"建设的新模式

文化的影响力超越时空、跨越国界。文化交流是民心工程、未来工程，潜移默化、润物无声。我们在建设"一带一路"的进程中，要积极发挥文化的桥梁作用和引领作用，加强各国、各领域、各阶层、各宗教信仰的交流交往，努力实现沿线各国的全方位交流与合作。

（一）文化交流与合作有助于促进不同文明的共同发展

丝绸之路古已有之，体现了人类跨越阻隔、交流互鉴的胆识和毅力，在古代东西方文明交流、交往历史中写下重要篇章。2 100多年前，雄才大略的汉武帝遣臣子相继开辟了陆上丝绸之路和海上丝绸之路，将中国与亚、欧、非三大洲的众多国家联系起来，丝绸、

瓷器、香料络绎于途。正是在丝绸之路的引领推动下，世界开始了解中国，中国开始影响世界。丝绸之路在推动东西方思想交流、文化交融、全球经济一体化、人类文明多样化方面发挥了十分重要的作用，为古代东西方之间经济、文化交流做出了重要贡献。古丝绸之路既是一条通商互信之路、经济合作之路，也是一条文化交流之路、文明对话之路。古代中国许多物质文化和发明创造通过丝绸之路传到西方后，对促进西方近现代科学的发展起到了积极作用；近代西方天文学、数学和医学等知识，也是通过海上丝绸之路传到中国的。这两条通道所展现的开放、包容的文化交流心态，为我们树立了光辉典范。

今天，世界和中国又站在一个崭新的战略关口。顺应求和平、谋发展、促合作的共同追求，"一带一路"倡议也被赋予新的丰富内涵和深远意义，传统文化的传承与现代文化的创新迎来难得的发展机遇。充分发挥"一带一路"连接不同文明的纽带作用，就能把地区间的经济、社会、文化交流提高到新的水平。"一带一路"倡议构想涉及几十个国家、数十亿人口，这些国家在历史上创造出了形态不同、风格各异的文明，是人类文明宝库的重要组成部分。我们要充分发掘沿线国家深厚的文化底蕴，继承和弘扬"丝绸之路"这一具有广泛亲和力和深刻感召力的文化符号，积极发挥文化交流与合作的作用，使沿线各国都可以吸收、融汇外来文化的合理内容，促进不同文明的共同发展。

（二）文化交流与合作有助于夯实我国同沿线国家合作的民意基础

国之交在于民相亲，民相亲在于心相通。各国间的关系发展既需要经贸合作的"硬"支撑，也离不开文化交流的"软"助力。"一带一路"沿线各国的历史、文化、宗教不同，只有通过文化交流与合作，才能让各国人民产生共同语言、增强相互信任、加深彼此感情。近年来，中国与沿线国家的文化交流形式越来越新、内容越来越多、规模越来越大、影响越来越广。中国与沿线大部分国家签署了政府间文化交流合作协定及执行计划，高层交往密切，民间交流频繁，合作内容丰富，与不少沿线国家都互办过文化年、艺术节、电影周和旅游推介活动等，在不同国家多次举办了以"丝绸之路"为主题的文化交流与合作项目。

文化交流与合作有助于提升我国的国际话语权和影响力。文化是一个国家核心竞争力的重要组成部分，在综合国力竞争中的地位和作用日益突出。我们要发挥文化潜移默化的影响作用，做好与"一带一路"沿线国家的文化交流与合作，讲好中国故事，传播好中国声音，把"中国梦"同周边各国人民过上美好生活的愿望、同地区发展的前景对接起来，促进中华文化走出去，提升中国的国际话语权和影响力。

我们要立足现有基础，打造新模式、探索新机制，深入开展与沿线国家的文化艺术、科学教育、体育旅游、地方合作等友好交往，密切中国人民同沿线各国人民的友好感情，夯实我国同这些国家合作的民意基础和社会基础。

（三）文化先行搭台，经济登台唱戏

丝绸之路在古代东西方文明交流交往历史中写下重要篇章。充分发挥"一带一路"连接不同文明的纽带作用，就能把地区间的经济、社会、文化交流提高到新的水平。文化的影响力超越时空、跨越国界。"一带一路"是沿线国家不同文化深入交融的融合剂。不同文明之间的交流互鉴，是当今世界文化发展繁荣的主要渠道，也是世界文明日益多元、相互包容的时代标签。文化传承与创新是各国经济贸易合作的"软"支撑，只有通过文化交流与合作，才能让各国人民产生共同语言、增强相互信任、加深彼此感情。

文化搭台，经济唱戏。在建设"一带一路"进程中，我们应当坚持文化先行，树立文化引领经济的理念，推动传统文化的传承与现代文化的创新，通过进一步深化与沿线国家的文化交流与合作，促进区域合作，实现共同发展。一要使"一带一路"成为走向和平的通途。古老丝绸之路的精神核心是"和平、友好、开放、包容"，已经成为人类文明的共同财富。今天的丝路沿线各国，是拉动世界经济增长的引擎，是世界多极化和全球化的中坚力量，通过"一带一路"文化交流加强各国友好往来，增进相互了解，是实现持久和平的重要基础。二要使"一带一路"成为走向发展的通途。沿途沿线大多是新兴经济体和发展中国家，普遍处于经济发展上升期，在文化交流的基础上深挖各国之间合作潜力，推进区域基础设施、基础产业和基础市场的形成，推进贸易投资自由化和便利化，必将从根本上缩小经济发展差距，确立符合世界经济发展多样性的合作新范式。三要使"一带一路"成为走向共赢的通途。我国正处于经济结构调整、产业升级的重要时期，丝路沿线各国大多也处在经济建设的关键节点上。创新合作模式、发展本国经济、优化产业布局、实现互补共赢符合各方利益。共建"丝路经济带"的宏大战略构想涵盖经贸、投资、人文和战略互信等各个方面，将把区域合作提升至新的高度。要深刻认识到，在经济全球化、社会信息化大潮下，各国相互依存、相互影响达到前所未有的程度。只有"通"，才能在取长补短、求同存异中共同进步；也只有"通"，才能同舟共济、同担责任、共享权利，建立更加平等均衡的新型发展伙伴关系。

三、"一带一路"使文化传播可作可为

（一）依托战略平台开展人文交流

加强不同文明交流互鉴，促进多元文化共生共荣，是世界文化发展的趋势，也体现中国的文化品格。在"一带一路"倡议下，中国与沿线国家能够开展更广泛的文化交流、学术往来、人才合作、媒体互动等活动，为深化双多边合作奠定坚实的民意基础。2015年3月，国家发改委、商务部和外交部联合发布了《推动共建丝绸之路经济带和21世纪海上丝绸之路的愿景与行动》，作为"一带一路"倡议实施的纲领性文件。文件指出，

民心相通是"一带一路"建设的社会根基。继《愿景与行动》发布以后，中视媒资（北京）文化传媒有限公司与国家发改委国际合作中心达成战略合作，共同成立"一带一路文化传播与经济发展课题组"，沿线国家间将互办文化年、艺术节、电影节、电视周和图书展等活动，合作开展广播影视剧精品创作及翻译，共同开展世界遗产的联合保护工作等。可见，"一带一路"倡议为沿线人文交流构筑了良好的平台，我们应充分利用，大力促进我国的文化发展和对外交流。

（二）抓住战略机遇，扩大文化贸易

"一带一路"的建设也为中国发展文化产业、进一步扩大文化贸易提供了崭新的契机和丰富的题材。以往中国的对外文化贸易主要面向欧美和日韩等发达国家，而这些国家本身的文化产业水平都比较高，文化输出能力强，加上其固有的文化偏好，中间存在严重的贸易逆差。而"一带一路"倡议涵盖了中亚、南亚和东南亚大部地区，也向西亚、欧洲和非洲延伸，这两大区域国家众多，经济总量也大，且许多是发展中国家，这为中国未来的文化贸易开启了一个新的广阔天地。同时，因地缘的关系，它们与中国文化有着天然的联系，是中国今后开展对外文化贸易的良好合作伙伴。再者，这两大战略带也是不同文明的交会之所，既包括历史悠久的大陆文明，也包含开拓创新的海上文明，中国作为同时富有这两种文化资源的文明大国，应充分发掘，从而形成一批具有传统特色和现代感的文化作品。

（三）挖掘战略底蕴，弘扬传统文化

"一带一路"倡议是我国传播中国优秀传统文化、塑造良好国家形象的重要举措。刘奇葆同志指出，"丝绸之路上的驼队，郑和下西洋的宝船，带出去的不仅有精美的丝绸和瓷器，更有灿烂的中华文化。"开展"一带一路"倡议与弘扬传统文化是无法分割的。首先，"一带一路"本身就是中国优秀传统文化在当代的唤醒和延续，它所承载的历史使命、所蕴含的精神理想与融合中西文化、广纳八方精华的汉唐风度是一脉相承的。通过"一带一路"，世界将感受到更加立体、鲜活、充满历史底蕴又与时代同步的中国传统文化。其次，"一带一路"倡议作为我国打造亚洲命运共同体的重要组成部分，体现了我国崇和向善的传统文化。如今，中国将自身发展与亚洲的兴衰荣辱紧密连接在一起，从"同舟共济"到"亲、诚、惠、容"，中国道路越走越明晰。传统文化作为我们的战略底色，随着国家的发展也不断得到彰显。这些战略理念将内化为中国的软实力，对提升中国国家形象具有重要作用。

由此可见，在"一带一路"倡议之下，文化传播前景广阔，文化建设大有可为。应抓住这个文化发展的战略机遇期，将中国文化在更广泛的区域内传播，进一步加强文化产业，从而更好地培育和提升中国的软实力和国家形象。

第二节 "一带一路"倡议下的文化传播路径

建设"一带一路",是以习近平总书记为核心的党中央统筹国内国际两个大局,着眼实现"两个一百年"奋斗目标和中华民族伟大复兴的中国梦,为进一步提高我国对外开放水平而提出的重大战略构想。在建设"一带一路"的进程中,我们应当坚持文化先行,通过进一步深化与沿线国家的文化交流与合作,促进区域合作,实现共同发展,让命运共同体意识在沿线国家落地生根。

一、建设"一带一路"坚持文化先行

实施"一带一路"倡议,推进文化先行,进一步深化与沿线国家的文化交流与合作,是一条重要的途径。通过进一步深化与沿线国家的文化交流与合作,促进区域合作,实现共同发展,让命运共同体意识在沿线国家落地生根。应发挥"人文先行"的优势,制订规划、整合资源、形成合力,进一步推动中国同沿线国家的全方位、多领域交流合作。无论是古丝绸之路还是海上丝绸之路的形成,都源自不同民族的人们对文化交流交融的向往与参与,更需要依托于促进文化艺术取长补短、商贸活动热络开展、不同文明交流互鉴的重要平台。

(一)搭建政府沟通的框架体系和战略部署

加强政府沟通和战略部署,推动政府间文化交流与合作深入发展。我们与"一带一路"沿线国家有稳定和牢固的官方文化交流平台;与上合组织、东盟、阿拉伯国家联盟等多个组织成员国及中东欧地区建立了人文合作委员会、文化联委会机制,这是我们今后可以进一步借助的重要基础。

未来,制订政府文化交流的中长期战略规划,落实好与"一带一路"沿线国家的政府间文化合作协定和年度执行计划,视情况在相关计划中纳入共建"丝绸之路"的内容,为中国与沿线国家开展文化交流与合作提供法律保障。同时,要注意发挥上合组织、东盟"10+1"、中阿合作论坛等现有机制的作用,丰富现有机制框架下的人文合作内容。

(二)遗产保护先行一步

丝绸之路申遗成功就是文化先行的一大表现。2014年6月,中国与吉尔吉斯斯坦、哈萨克斯坦联合申请的"丝绸之路:长安——天山廊道路网"入选世界遗产名录。此次申遗成功,为沿线地区带来的发展动力将不可估量。它必将推动国内各省区市乃至三国之间在文物保护工作方面的交流、协作,促进这一地区文化遗产管理与保护水平的提升;必将在这一地区兴起文化遗产保护热潮,不仅可以拉近民众与文化遗产之间的距离,更能密切丝路沿线民众间的情感,为古丝绸之路注入新的活力;此外,沿线众多省区市政府乃至企业借风"新丝路"相机而动，申遗的成果被融入当地的经济建设之中。可以说，申遗的成功使得丝路沿线各国重新关注这条古代商贸之路，为丝绸之路经济带成为新的国际纽带打下了铺垫。

海上丝绸之路的申遗工作也受到了前所未有的关注。相比陆上丝绸之路，海上丝绸之路的概念提出较晚，相关的资料梳理、理论研究等基础工作有一定差距。近年来，海上丝绸之路相关的文物考察工作不断推进。沿线地方各级政府应建立"一带一路"沿线文化遗产保护管理长效机制，切实做好"一带一路"建设中的文化遗产保护管理工作。

（三）建立广泛的民间交流渠道

除了政府间官方交流外，现在很多民间文化机构、文化团体甚至艺术家个人之间都有很多文化交流活动，包括民营艺术团体通过各自的渠道也通过驻外使领馆为他们搭建平台，建立直接的交流，进行定期互访，或者通过商业运作方式进行商业性演出和展览。每年在国内特别是在北京，看到的很多高水平的演出、展览都是通过市场运作方式进行的。还应精心打造新的文化交流品牌，深化"丝绸之路文化之旅"活动，与沿线国家联合举办"丝绸之路艺术节"，举办形式多样、丰富多彩的文化论坛、展览、演出活动。围绕"文化新丝路"的主题，联合译介、出版相关书籍，拍摄、播放有关影视片。利用网络平台和新媒体手段，通过音乐、演出、动漫、网游等文化产品，提升中华文化影响力。

二、开展中国与沿线国家的文化交流与合作

中国一直高度重视与"一带一路"沿线国家的文化交流与合作，积极有为地开展了丰富多彩的文化交流活动，有力配合了我国整体外交大局。我们要结合建设"一带一路"的重要契机，发挥"人文先行"的优势，制订规划、整合资源、形成合力，进一步推动中国同沿线国家的全方位、多领域交流合作。

（一）文化交流打下民意基础

"一带一路"文化建设已经成为我国对外文化工作的新抓手。文化部已与新疆、宁夏、甘肃等有关省区市开展了多渠道、多层次、多形式的交流与合作，举办了一系列以"一带一路"为主题的综合性文化交流活动，协调指导西北五省区文化厅成立了"丝绸之路经济带西北五省区文化发展战略联盟"，在陕西西安举办了首届"丝绸之路国际艺术节"，在福建泉州举办了"海上丝绸之路国际艺术节"。由中国文化部、阿拉伯国家联盟秘书处主办的中阿文化部长论坛上，论坛代表一致认为，文化交流与合作将在中阿"一带一路"建设中起到不可替代的桥梁和引领作用，中阿共建"一带一路"拥有坚实的民意基础。

中国将与"一带一路"国家互办文物展览，举办高规格的学术研讨会，开展文化节庆活动，让沿线国家和人民与我们共享当代中国的发展成果，了解中国和平发展的意愿。

（二）发挥中西部省区的地域优势

整合各方面资源，形成建设"一带一路"的合力。要积极发挥中西部省区的独特作用。由于特殊的地缘地位，我国广大中西部省区在建设"一带一路"进程中有着特殊的历史、人文优势，我们要在国家总体外交政策的指引下，支持中西部省区制订有关规划，加大哈萨克语、吉尔吉斯语、塔吉克语、乌兹别克语等多个语种的广播、影视、游戏节目的投入制作，向沿线国家传播和推介中国文化。中西部各省区也应当以积极有为的姿态，发挥文化桥头堡作用，主动融入"一带一路"倡议构想。要积极发挥市场主体性作用，调动各类文化企业的积极性，分国家、分地区制定对外文化交流贸易政策，推动与沿线国家的文化产业合作。要充分挖掘"一带一路"的历史文化遗产，引导和动员民间力量开展丰富多样的文化交流活动，支持沿线有关国家联合申报世界文化遗产。此外，还要充分发挥专家学者和智库的作用，群策群力，通过定期召开研讨会、分专题开展调研等形式，为"一带一路"建设中的文化交流与合作提供智力支持。

（三）文化贸易既是传播又有收益

全国多个省区市上报了"一带一路"有关规划项目，其中不少项目涉及文化产业与文化贸易领域。如浙江省上报了继续推进实施浙江吉尔吉斯坦德隆电视台文化贸易平台，作为"一带一路"建设工作重点项目，并将进一步开展沿线国家各类文化贸易促进活动，以促进该省文化企业对沿线国家的境外投资并购。

文化具有先天优势，在国际交流、国际贸易中发挥着独特的作用。亚非拉地区，尤其是"一带一路"沿线国家，在基础建设、资源能源开发等领域，对中国的资金、人员、技术及管理支持有着巨大的需求，目前丝路基金主要面向基础设施等方面的建设，以此促进中国与"一带一路"沿线国家更多元的互联互通。

旅游业也走在了国家布局的前沿，"一带一路"会对旅游业产生极大的影响，推动旅游业总体水平提高，加大和世界相关国家的交流交往。不少沿线省区市文化旅游搭上"一带一路"快车，为文化旅游产业发展开拓了新契机。2014年，中国西安丝绸之路国际旅游博览会、首届国际丝绸之路旅游发展会议等大型展会显示出了巨大的吸引力。柏林国际旅游交易会上，福建省作为唯一开展现场推介会的中国省份，凭借海上丝绸之路旅游资源而赢得了极大关注，共接待来自欧美地区的200余家旅游批发代理商。

（四）打造文化交流的新品牌

发挥现有丝路品牌工作成果优势，精心打造文化交流的新品牌，旨在流芳千古。我们已在境内外举办了多个以"丝绸之路"为主题的文化交流合作项目，取得了丰硕成果。深化"丝绸之路文化之旅"活动，与沿线国家联合举办"丝绸之路艺术节"，举办形式多样、丰富多彩的文化论坛、展览、演出活动。要继续挖掘古丝绸之路的文化内涵和人文精神，并赋予其新的时代意义。要注意发挥我驻外使领馆文化处（组）和海外中国文化中心的作用，进一步完善中国文化中心的全局布局，针对在丝绸之路沿线国家建设新的文化中心抓紧进行合理安排，加大文物修复、文博设施建设、艺术人才培训等对外文化软援助的力度。

（五）"一带一路"是艺术创新的源泉

与丝绸之路有关的艺术创作自古以来硕果累累。"一带一路"更为当代艺术家提供了巨大的创作空间和无穷的灵感。

2015年央视春节晚会上，那英演唱的《丝路》可谓音乐作品的一个代表。实际上，以丝绸之路为主题的音乐作品为数不少，中央民族乐团已推出了大型音乐会《丝绸之路》，以琵琶、胡琴、热瓦普、唢呐、扬琴、冬不拉追寻古老而悠久的古丝路音乐足迹。新疆、陕西、甘肃均在酝酿推出与丝绸之路有关的音乐、歌舞作品。新疆木卡姆艺术团推出的音乐会《丝路乐魂》已经上演。

影视纪录片成为展示共建"一带一路"的重要手段。纪录片《丝绸之路经济带》《海上丝绸之路》，大型人文纪录片《崛起新丝路》都将向观众展示中华文化的历史人物和现代风采。作为国内首档丝路专业节目，中央电视台大型人文纪实栏目《新丝路》在央视发现之旅频道播出。该栏目涵盖文化、艺术、航空、高铁、健康、科技等众多门类，集中展示"一带一路"建设过程中各领域的创新实践。

三、"一带一路"倡议推动中华文化"走出去"

"一带一路"倡议的提出，是中国进一步融入世界经济体系，强化与周边国家经济、贸易和文化合作的客观需要，是影响和优化世界经济社会发展秩序和格局的一个大手笔。推动中华文化走出去是"一带一路"倡议的重要内容，有必要对"在'一带一路'倡议实施中推动中华文化走出去"的相关问题做出思考，还需要做出实践和操作层面的合理运作和科学安排。

（一）充分挖掘特色文化资源

只有全面而准确地表现深厚的传统文化资源和丰硕的当代文化创新成果，才能更好地推动中华文化走出去，为人类文明做出中国独特的贡献。一是要研究沿线各国风土人情、民族习惯、文化渊源、审美趣味和时尚潮流。充分考虑各种文化背景下的消费习惯和风俗因素，研究国外不同受众群体的文化传统、价值取向和接受心理，找到他们的关注点和兴趣点，有针对性地开展适销对路的文化产品和服务，形成文化品牌，使中华文化不但能"走出去"，而且能"走进去"，最大限度减少"文化折扣"现象。二是要发挥各国的比较优势。充分挖掘"一带一路"的历史文化遗产，引导和动员民间力量开展丰富多样的文化交流活动，支持沿线有关国家联合申报世界文化遗产。在坚持其独特价值观和文化特色的基础上，实现内容和载体的创新，发挥各国在文化资源、制造、资本、人力等多方面的比较优势，将各自的潜在优势转化为实际发展成果，实现互利共赢、共同进步。

（二）突出资本带动的整合优势

资本走出去是"一带一路"建设的重要支撑。但目前文化类对外投资占比还很小，资本要素在文化贸易领域还没有形成规模。一是要形成以资本走出去带动优质文化产业和文化产品走出去的思维，鼓励文化企业创新投资方式，加强文化出口平台和渠道建设，走出去开展并购投资、联合投资，扩大境外优质文化资产规模，为文化产品和产业走出去奠定基础。二是探索设立对外文化产业基金，加强"一带一路"在文化领域的金融合作。人民币跨境结算、规划区域金融中心、筹建亚投行、设立丝路基金等工作的推进，为"一带一路"注入了新的动力和活力。在此基础上，有必要探索设立对外文化艺术产业基金，围绕重点文化产业和重点项目，推动文化资源有效配置、生产要素合理流动、文化市场深度融合，形成丝绸之路文化产业发展金融布局。

（三）注重文化科技的深度融合

当今社会是技术统治时代，很多文化变革、文化创新往往是技术发展和突破所带来的。"创客""互联网+""工业4.0"等体现了经济未来发展的趋势，也代表着"一带一路"的建设方向。加强文化与科技的融合，提高文化的传播力、表现力，能够使文化产品更有力地影响世界、造福人类。一是要推动有关科技领域先进、共性、关键技术成果向文化领域的转化应用，创新文化产品及服务模式，提升文化产品的科技含量。二是运用互联网思维带动文化与科技融合。互联网改变了社会生活，也逐渐改变传统的商业模式。在推动文化与科技的融合发展中，要坚持平台为王和内容为王并举，不断推动基于互联网和移动互联网的商业模式创新，推动专业垂直、O2O模式、股权众筹以及在线参与等新兴模式成为文化产业发展的主流。

（四）发挥贸易平台的带动作用

建设"一带一路"，推动文化走出去，要推进各种国际化、外向型经济文化交流平台的逐步建立和完善。一是办好文博会。要推进文博会的国际化、市场化、专业化建设，扩大文博会的品牌效应，优化集中展示、交易和信息平台的功能，为促进中国文化产业发展、推动中华文化走出去和促进"一带一路"建设发挥新的积极作用。二是推进国家对外文化贸易基地建设。发挥北京、上海、深圳三个国家级对外文化贸易基地的辐射带动作用，从不同层面吸纳集聚文化贸易资源，创新体制机制，提供全产业链服务，使之成为功能完善的对外文化贸易服务链和国际文化贸易政策创新试验区，成为文化企业迈入国际市场的助推器。

（五）增强文化企业的竞争能力

培育具有国际竞争力的文化市场主体是推动中华文化走出去的关键环节。一是推动文化企业做好"走出去"的心理准备。必须事先熟悉国际商务的各种通行惯例和规则，对沿线国家或地区的政局状况、法律规章、风俗人情等充分了解。同时，为提高属地化水平，有必要尽可能多地了解当地的社会风气、人际关系、环境意识等特点特色，善于运用国际语言融入和开拓国际市场。二是提升产业层次、产品质量、科技含量、供应链管理和品牌打造能力。文化企业必须适应当前在国际价值链中位置的上升势头，顺势而为地提高各方面的能力与层次，并最终形成综合性的优势。三是推进文化产业结构调整。积极培育新的文化业态，培育一批外向型骨干文化企业和大型文化中介机构，提高文化产业规模化、集约化、专业化水平，大力打造文化产品和服务出口品牌，增强走出去的文化竞争力。

总之，对于众多有意向并有实力"走出去"的文化企业来说，关键是企业怎样抓住有利机会，收集各种有价值的信息并积极落实到市场活动中去。

第三节 "一带一路"是文化创意产业大跨越的新机遇

一、"一带一路"是挖掘文化创意元素的超级宝库

"一带一路"使文化创意产业可以充分依靠中国与有关国家既有的双多边机制，借助既有的、行之有效的区域合作平台，放飞文化创意的梦想。

"一带一路"建设秉持的是共商、共建、共享原则，不是封闭的，而是开放包容的；不是中国一家的独奏，而是沿线国家的合唱。"一带一路"建设不是要替代现有地区合作机制和倡议，而是要在已有基础上，推动沿线国家实现发展战略相互对接、优势互补。"一带一路"建设不是空洞的口号，而是看得见、摸得着的实际举措，将给沿线国家和地区带来实实在在的利益。在有关各方共同努力下，"一带一路"建设的愿景与行动文件已经制定，亚洲基础设施投资银行运行平稳，丝路基金已经顺利启动，一批基础设施互联互通项目已经在稳步推进。这些早期收获向我们展现了"一带一路"的广阔前景。以古代的丝绸之路为历史背景，"一带一路"的确是一个挖掘文化创意元素的超级宝库。

习近平总书记曾经提出：以亚洲国家为重点方向，率先实现亚洲互联互通。因为"一带一路"源于亚洲、依托亚洲，所以首先造福亚洲。通过互联互通，为亚洲邻国提供更多公共产品，欢迎大家一起搭乘中国发展的列车。后来又提出，以经济走廊为依托，建

立亚洲互联互通的基本框架。"一带一路"兼顾了各国需求，统筹了陆海两大方向，涵盖面宽，包容性强，辐射作用大。特别指出，"一带一路"以人文交流为纽带，夯实亚洲互联互通的社会根基。用创新的合作模式，以点带面，从线到片，逐步形成区域大合作。其实，只要定住心、仔细品，在"一带一路"的每一点、每一处、每一步，都是文化创意元素的"聚宝盆"，整个"一带一路"就是发现和挖掘文化创意元素的超级宝库。习近平在中阿合作论坛第六届部长级会议上曾经表示，"一带一路"会继承古丝绸之路开放传统，吸纳东亚国家开放的区域主义，秉持开放包容精神，不会搞封闭、固定、排外的机制。"一带一路"不是从零开始，而是现有合作的延续和升级。有关各方可以将现有的、计划中的合作项目串接起来，形成一揽子合作，争取产生"一加一大于二"的整合效应，"互联网"＋"一带一路"＋"人脑的创造力"所爆发出的创意正能量，必将会产生意想不到的乘数效应。

如果说历史上的丝绸之路主要是商品互通有无，那么，"一带一路"交流合作范畴要大得多，优先领域和早期收获项目可以是基础设施互联互通，也可以是贸易投资便利化和产业合作，当然也少不了人文交流和人员往来。各类合作项目和合作方式，都旨在将政治互信、地缘毗邻、经济互补的优势转化为务实合作、持续增长的优势，最终目标是物畅其流、政通人和、互利互惠、共同发展。

在共建"一带一路"过程中，中国有正确的义利观，道义为先、义利并举，向发展中国家和友好邻国提供力所能及的帮助，真心实意帮助发展中国家加快发展。中国不断增大对周边的投入，积极推进周边互联互通，探索搭建地区基础设施投融资平台。中国不仅要打造中国经济的升级版，也要通过"一带一路"等途径，打造中国对外开放的升级版，不断拓展同世界各国特别是周边国家的互利合作。因为"一带一路"不是中国一家的事，而是各国共同的事业；不是中国一家的利益独享地带，而是各国的利益共享地带。"一带一路"建设，包括前期研究都是开放的，共同谱写丝绸之路的新篇章，共同建设利益和命运共同体，共同创造美好幸福未来的"一带一路"理念、构想令人振奋。"一带一路"必将风光无穷、创意无限。

二、"一带一路"开启跨学科、跨领域、跨语言、跨文化的新思维

"一带一路"倡议涵盖60多个国家和地区的44亿人口，将产生20多万亿美元的经济效应。这个世界上最长的经济走廊、最大的市场，将产生最大的投资机会。

经济发展是基础，必须有共同受益的机制，才能真正"聚气生力"。"一带一路"应该是我国未来20年至30年甚至更长时期我们国家对外开放的一个大战略，"一带一路"与东盟、非盟、阿盟、欧盟"四盟"整体贯联起来了，真是我国前所未有过的最大的开放格局，也是我国国内和国际的一个重大战略。在"一带一路"的新起点上进行"创意"，政府、企业和我们每个人都应该以跨学科、跨领域、跨语言、跨文化的新思维，对自身

重新定位，因为"大战略必须新思维、大构架必须善设计、大格局必须大创意、大创意必须深挖掘"。

在以大数据为背景的"互联网"创意时代，提出"一带一路"新构想，就是适应时代发展的大战略和新思维。

三、"一带一路"促成我国各地发展文化创意的着力点

"一带一路"是指"丝绸之路经济带"和"21世纪海上丝绸之路"。"一带一路"不是一个实体和机制，而是合作发展的理念和倡议，是充分依靠中国与有关国家既有的双多边机制，借助既有的、行之有效的区域合作平台。"一带一路"借用古代"丝绸之路"的历史符号，高举和平发展的旗帜，积极主动地发展与沿线国家的经济合作伙伴关系，共同打造政治互信、经济融合、文化包容的利益共同体、命运共同体和责任共同体。

我们注意到，陕西打文化、旅游、自贸区牌的举动令人瞩目。如召开"丝绸之路国际旅游博览会"、首发"长安号"丝绸之路旅游专列和七处丝绸之路景点入选世界遗产名录。西安加快建设"丝绸之路经济带"自由贸易园区（西安）核心区，西北地区第一个综合保税区——西安综合保税区和西安国际港务区成为陕西"一带一路"的"新起点"。

位于"丝绸之路经济带黄金段"的甘肃，全力部署兰州新区、敦煌国际文化旅游名城、中国丝绸之路博览会三大战略，着力推进兰新高铁等综合交通枢纽建设，以沿线节点城市为支撑，打造兰州等"丝绸之路经济带"重要的交通枢纽和陆路进出口货物集散中心。

位于"丝绸之路经济带战略支点"的宁夏，已经架设了"空中丝绸之路"和"互联网丝绸之路"。

位于"丝绸之路经济带核心区"的新疆，举办亚欧博览会，霍尔果斯县级市挂牌成立，兰新高铁全线贯通，乌鲁木齐新机场加快建设，"丝路产业"推动高水平工业园区、高新技术产业园区和物流中心建设，新疆推进丝绸之路经济带核心区建设工作领导小组成立等，让新疆人对建设交通枢纽中心、商贸物流中心、金融服务中心、文化科技中心、医疗服务中心信心满满。

我们还看到，各省区都在行动中。广西壮族自治区表示，将积极参与"一带一路"、中国——东盟自贸区升级版建设。充分利用泛北部湾、大湄公河次区域等合作平台，争取亚洲基础设施投资银行和丝路基金等投资，加快南宁——新加坡经济走廊建设，推进与周边国家互联互通。

山东省提出，将主动融入"一带一路"、京津冀协同发展、长江经济带三大战略，促进与周边省市共同发展，并且加强与"一带一路"沿线国家和地区基础设施互联互通建设合作。

湖南省表示，要发挥"一带一路"区位优势，大力推进水、路、空、铁四网联动，积极对接长三角、珠三角、北部湾、港澳台，建设高铁沿线地区经济增长带，发展临港、

临空经济，主动服务"一带一路"倡议，加强与京津冀地区的经济联系，融入长江经济带建设。

新疆维吾尔自治区表示，新疆地处亚欧大陆地理中心，是我国向西开放的桥头堡，是丝绸之路经济带上的重要节点、核心地区，周边同 8 个国家接壤，有 17 个国家一类口岸以及喀什、霍尔果斯 2 个国家级经济技术开发区。新疆也在积极跟踪国家"一带一路"重点互联互通和基础设施建设项目，参与非洲、周边国家高速公路、铁路、港口等基础设施以及农业综合开发项目建设。

新疆、陕西、甘肃、宁夏、青海、重庆、云南、四川、山西、浙江、江苏、山东、湖北、福建、河南、贵州、西藏、广东、广西、海南等省区市已经将丝绸之路经济带倡议作为重点工作列入了政府工作报告中。这些省区市经济规模之和，约占全国比重达三分之二。陕西认为，"西安将争当建设丝绸之路经济带的排头兵""把陕西打造成新的丝绸之路经济带的桥头堡"。河南提出，"虽然中国古代丝绸之路的起点位于西安和洛阳，但新丝绸之路经济带的起点，放在郑州最为合适"。其后，四川、内蒙古等地也相继表示，自己是丝绸之路经济带或草原丝绸之路经济带的起点。

几乎同时，对于海上丝绸之路，广东省提出，要"发挥海上丝绸之路的排头兵的作用"。汕头、广州、江门、东莞、惠州、深圳等地随后相继表态，要打造"海丝"枢纽。福建省的福州、厦门、漳州、泉州都希望是"海丝起点"。江苏连云港市提出，"作为亚欧大陆桥和海上丝绸之路的起点，要把连云港打造成丝绸之路经济带的东方桥头堡。"江西省认为，"海上丝绸之路又被誉为海上陶瓷之路，景德镇的陶瓷是海上丝绸之路最大宗的商品"。

各地在围绕"一带一路"研究自身定位时，大部分使用了枢纽、节点、支点、门户、通道、黄金段、核心区等词汇。此外，"东部陆海丝绸之路经济带""草原丝绸之路经济带"和"空中丝绸之路"等概念也应运而生，成为黑龙江、内蒙古等地着力打造的重点。

习近平总书记指出，推进"丝绸之路经济带"建设，抓紧制订战略规划，加强基础设施互联互通建设。建设"21 世纪海上丝绸之路"，加强海上通道互联互通建设，拉紧相互利益纽带。"一带一路"倡议的重心是促进互联互通的基础设施建设，"一带一路"文化创意元素，只有在互联互通方面深入挖掘，才能源源不断，风光无限。中国提出"一带一路"并非自己独享，而是全球恢复增长的交响曲中的和谐乐章。

在全球化背景下，经济一体化是利益共同体的基本前提。与近 60 个国家、40 多亿人口建立广泛的沟通和协作机制，不仅有助于中国获得外部资源，同时也可以帮助中国商品、资本和适用性技术真正走出去。更重要的是，"一带一路"会一石激起千层浪，全面提升文化创意的理念和层次，用全新思维挖掘创意元素，形成创意成果。"一带一路"是古代智慧加现代思维，一定要虚实相生，互联互通。"一带一路"促成我国各地发展最佳定位点，即文化创意的着力点。

四、"一带一路"新构想点开了人们无尽的"财富"想象

"一带一路"的理念，好就好在打破原有点状、块状的区域发展模式。横向看，贯穿中国东部、中部和西部；纵向看，连接主要沿海港口城市，并且不断向中亚、东盟延伸。这将改变中国区域发展版图，更多强调省区之间的互联互通、产业承接与转移，有利于加快我国经济转型升级。

"一带一路"新思维激起了人们的财富想象，它"传承着具有 2 000 多年历史的古丝绸之路精神"。它"诞生于全球化时代，它是开放合作的产物，而不是地缘政治的工具，更不能用过时的冷战思维去看待"。正如国家发改委学术委员会张燕生秘书长所言，"新常态的中国用资本输出的方式进入到亚太和欧洲，构建贯穿欧亚大陆的全方位开放的新格局"。它是"立足周边，辐射一带一路，面向全球，高标准的自由贸易区网络"，它"是中国经济新 35 年提出来的一个能够影响全局，能够影响中国经济、沿线国家的经济和全球经济的一个大的战略思路"。

我们将从中国视野转变到全球视野来配置我们的资本，来配置我们的市场，来配置我们的服务，来配置我们所有的生产要素。通过"一带一路"，中国将把近 6 万亿元对外金融资产一步一步地由外汇储备资产转化为自然人、企业和政府的对外投资。

一般而言，从"皮毛之路""玉石之路"到"丝绸之路"，再到当前的"一带一路"，能成功的一个基本前提就是，这是一条"路"。如果说商品是"路"得以开辟和存在的可能，"路"则是商品在不同空间挪移的基本保障。把"一带一路"建设和区域开发开放结合起来，加强新亚欧大陆桥、陆海口岸支点建设。思路已经清晰，就看如何利用自己的优势，找到自己的定位，拓展新的发展空间了。

中国 40 多年的改革开放，取得了举世瞩目的成就。思考中国改革开放的经验，经历了通过发展经济特区、先行先试、突破了理念上的禁锢；通过沿海多个城市的对外开放，扩大了开放的领域，形成了开放拉动的经济增长格局；通过延伸到长江沿线的开放，形成了全国范围内的开放局面。按梯度、分层次的开放节奏，取得了丰富的经验及经济发展的实际效果。基本驱动是先开放合资、后扩大出口，通过对内深化改革，激发增长活力。通过加入 WTO，深度融入世界经济体系，拓展了外向型经济的发展空间，其结果是工业化、城镇化快速发展，内需外需一起拉动，形成了我国经济多年的高增长局面。今天，如何在新的视角下，研究吸收过去有效的改革开放经验，开拓新发展思路，的确需要全新的理念推动。政策制定如此，文化创意研究更要"顺藤摸瓜"、乘势而为。我们今天的战略构想使我们对中国通过"一带一路"实现经济快速增长充满了期待。

五、"一带一路"为文化创意产业开拓市场提供了历史机遇

"一带一路"为各国文化融合创新疏通了渠道。不同的经济发展程度和社会政治背

景，使得各国、各地区的文化具有丰富多彩的特色，多样化、多元性意味着差异和矛盾，这种差异和矛盾在带来更大变数的同时，也带来更大的文化发展空间，因为文化发展的动力机制正是文化的交流、碰撞、融合、创新。在几千年的历史演变中，中国传统文化在中外交流中凸显着民族个性的同时，也受到域外文化的影响，正是在这种撞击与交会中实现着自身的生长和创新。"一带一路"倡议对于文化大发展、大繁荣的意义也在于此。因此，"一带一路"建设的着眼点是各相关国及背后多元文明的群体性复兴，是建立在文明融合而非文明冲突的立场上，是以文化的交流交融为经济建设搭桥铺路并提供价值引领和支撑。这就要求各相关国家必须提高文化的对外开放水平，通过文化的传承、交流和创新，使古老文明在现代社会焕发新的活力，这种交融也将为区域经济一体化奠定坚实的民意基础与社会基础。

文化消费需要广阔的市场，消费主体越广泛，文化的传播就越广泛，文化的影响力就越大，文化产业的市场空间也就越大。"一带一路"倡议的实施，使不同文化背景、不同宗教信仰的各国、各地区、各民族人民交流更为密切，为各种优秀文化及和谐发展、和平共处理念的传播提供了途径，同时也为文化消费、文化产业跨越国界开辟了道路。文化产业的跨越式发展，需要发挥好国内、国际两个市场、两种资源的优势，同时也要求文化产业积极主动地参与国际分工和转型升级，进入全球文化产业价值链的更高层次。从这个意义上讲，文化产业作为文化与经济双核战略结合的重要载体，在实施"一带一路"和推动中华文化走出去战略中将发挥出突出的作用。

六、"一带一路"为文化创意产业探索新机制

文化的影响力超越时空、跨越国界。文化交流是民心工程、未来工程。古丝绸之路是一条文化交流之路。古代中国许多科学文化创新创造通过丝绸之路传到西方后，对促进西方近现代科学的发展起到了积极作用；近代西方的一些现代科学知识，也是通过海上丝绸之路传到中国的。"一带一路"是沿线国家不同文化深入交融的融合剂。不同文明之间的交流互鉴，是当今世界文化发展繁荣的主要渠道，也是世界文明日益多元、相互包容的时代标签。这些是基础，也是我们走向未来的开始。我们要立足现有基础，打造新模式、探索新机制，深入开展与沿线国家的文化艺术、科学教育、体育旅游、地方合作等友好交往，密切中国人民同沿线各国人民的友好感情，夯实我国同这些国家合作的民意基础和社会基础；我们要充分发掘沿线国家深厚的文化底蕴，继承和弘扬"一带一路"这一具有广泛亲和力和历史感召力的文化符号，积极发挥文化交流与合作的作用，共同促进不同文明的共同发展。

历史赋予重托，奋斗创造未来。我们要深入发挥文化潜移默化、润物无声的重要作用，扎实做好与"一带一路"沿线国家的文化交流与合作，为开创我国全方位对外开放新格局，推进中华民族伟大复兴进程，奠定坚实的民意基础和社会基础。

翻译与文化传播

第一节 中华文化对外翻译展望

通过翻译向世界宣传中国并助推中国走向世界，目前已被公认是中华文化国际传播的一个有效且必要的手段，也越来越受到重视。但因为翻译不只是语言之间的简单转换，而是与历史、政治、经济等因素密切相关，所以中华文化对外翻译的实践与研究，也是学界的一个难点，甚至可以说一直备受忽视。但随着中国综合国力不断增强，中国的国际影响力不断增大，中华文化的外译总体呈现强劲发展态势。梳理中华文化对外翻译的现状并据此展望其未来方向和趋势，可在一定程度上推动翻译更好地进行中华文化国际传播工作。

一、中华文化对外翻译的三个阶段（1980年以来）

中华文化对外翻译的步骤和步调与中国走向世界的节奏基本一致。改革开放以来，中华文化对外翻译的实践和研究大致经过了三个发展阶段。

（一）初创期（1980—2002年）

20世纪80年代以来，随着改革开放政策的实施及不断深入，中国的国门渐渐打开，中国人走出去了，外国人走进来了，中外文化交流日益丰富和活跃。翻译作为一种交流工具，成为日常文化交流的一种常态，越来越受到重视。尤其是1990中国成功举办第11届亚运会后，中国的国际影响力日益增长，国家形象的塑造也成为国人共识，中华文化对外翻译工作，被视为一种事关国家形象的战略，成为中国政府和学界关注的热点和焦点。与此相一致，中华文化对外翻译从实践和研究方面进入稳步发展期。相关研究则一致认为，做好中译外工作才是一个翻译工作者对中华文化建设所做出的最有意义的贡献；翻译是中华文化国际传播的重要推手；新时期翻译的新使命是"让世界认识中国、了解中国"等。而从译者和翻译策略方面对中华文化外译的研究，这一时期也开始起步。

（二）拓展期（2003—2009）

这一时期，中华文化外译的制高点是北京奥运会举办前后形成的。2008年奥运会自始至终是一项国家形象工程，是向世界规划、设计和传播中国的新形象。围绕着如何塑造这一形象及如何向世界说明这一新的国家形象的内涵，中华文化外译不但更关注对外翻译中的中华文化元素，而且也更侧重于发现中华文化外译中的问题并探索性地提出解决策略。对当下的中国来说，翻译是文化走向世界所必须重视的倚仗，并提出三个工作重点：第一，本国翻译者应更了解本国读者的阅读兴趣；第二，中华文化走出国门需要国际合作的前瞻眼光；第三，国外的汉学家翻译家应该受到鼓励和支持。另外，翻译主体能否正确认识和表达中华文化，也是中华文化能否走出去的关键因素，因此，从事中译外的翻译者应加强自身的中外语言与文化修养。

（三）高潮期（2010年至今）

这一时期的中华文化外译高潮不断，尤其是2012年莫言获得诺贝尔文学奖，使中华文化成为一个世界性的话题，相关翻译和研究，也成为热点。

从翻译研究方面，这一时期研究者在继续关注翻译本体的同时，开始把目光投放到目标语文化语境"接受"和"国家机构""读者期待"等其他关键外围因素上。研究者以"莫言获诺奖"为案例，指出中国文学、文化要成功走出去，必须遵循译介规律，综合考虑作者、译者、赞助人和出版机构等各种因素，绝不能用"译入"理论指导"译出"实践。但除此之外，中华文化走出去还受原语国家和译语国家外交关系、意识形态、文学形式及翻译规范的制约，并受翻译政策、读者期待、发行渠道的制约，而且译本能否受欢迎还在很大程度上取决于接受方对译本的选择性阐释和接受，并且要注意目标语文化系统内部的政治、经济和文化语境。汉英互译中的这种硬伤一直存在，而且将永远存在，所以，还必须在继续加强交流的基础上增进了解和理解，逐步消解文化外译中的屏障和壁垒，同时端正心态，掌握好节奏。

二、对中华文化对外翻译的展望

综观改革开放四十多年来中华文化外译的实践与研究，应该说中华文化对外翻译整体上取得了长足的发展，但也存在着明显的问题，主要表现在：第一，功用主义色彩浓重；第二，整体质量不够高；第三，相关研究多以微观探讨翻译策略与方法为主，主观经验总结过重，缺乏客观数据的分析和理论重心；第四，相关翻译理论主要基于语言学派和文化学派，而对翻译学与比较文学、译介学、传播学、社会学等学科的交叉创新研究不够；第五，研究方法以文本分析为主，缺乏整体的历时和共时的描述与分析；等等。

为了满足国内外日益增长的中华文化外译的需求，未来中华文化外译应更加重视以下几个方面。

（一）　中华文化外译应坚持"国家主义"原则

要让中华文化更好地走出去，必须从政策层面、操作层面改变功用主义翻译观，把中华文化外译提升到国家认识层面，在全社会形成"文化传播，人人有责"的"国家主义"翻译观，切切实实地把中华文化翻译工作当成大事业、不朽之功业，"子子孙孙，无穷匮也"。

（二）　提高层次，扩大辐射范围

中华文化外译的质量亟须提高，翻译的范围应继续扩大，受众覆盖面需要延展，避免低水平"跟风"。另外，中华文化的外译绝不可仅仅依靠政府机关、教育机构和一些专业杂志，而是要营造"人人都是翻译家"的氛围，每个有意识地向海外传达中华文化精神的中国人，都属于这样的"翻译家"，从而达到文化外译的"百家争鸣"局面。

（三）　加强跨学科的中华文化对外翻译研究

探索人文社会科学跨学科发展的路径及其条件，已经成为当前中国人文社会科学繁荣发展的一个极其重要的问题。中国的翻译研究从最初的语言学派所注重的文本内容与形式关系上的等值论，到注重翻译受众效果的等效论，再到文化学派强调文化在翻译中的制约地位，其研究的系统性、稳定性越来越强，局限性也越来越明显。当前，中华文化外译应走出"钻牛角尖"式的实践和理论研究模式，树立以解决社会现实需要为导向的"问题"翻译观和研究观，加强翻译与社会学、人类学、历史学、传播学等多学科的综合性研究。

（四）　加强中华文化对外翻译的历时和共时研究

翻译以语言为载体，语言本身具有共时性和历时性，因此翻译活动也是一种处在动态变化中的行为，具有共时性和历时性。共时具有"多样性"和"稳定性"，同一历史时期由于翻译主体的不同、翻译服务对象的不同、翻译目的的不同等各种因素的制约影响，同一原语作品会出现不同翻译，即"多样性"；同一历史时期由于政治意识形态的相似、经济发展水平的接近、翻译现实需要的趋同，不同作品的翻译又会呈现出类似的特点，即"稳定性"。历时具有"不稳定性"，即翻译的标准、翻译的方法会随着历史的变更而发生变化。中华文化对外翻译的研究必须紧紧抓住翻译活动的共时与历时规律，在共时中寻同求异，在历时中寻异求同，从而更好地梳理分析推介中国的文化精髓。目前中华文化外译的这两条规律尚未得到足够的重视，亟待基于文化外译的实践加强研究。

文化翻译任何时候都不单纯是文化问题，而是一个国家问题，世界问题、其复杂性和艰巨性无论怎么估计都不过分。因此，只要在充分尊重文化交流规律的基础上，全方位推动中华文化外译工作，树立"打持久战"的思想准备，并保持锲而不舍的精神，坚忍不拔的斗志，中华文化外译一定会成为中华文化国际传播的一道心灵之桥、高铁之桥、彩虹之桥。

第二节 翻译传播：为何与何为

中国关于翻译的最早论述之一，是《礼记·王制》中的一段话："五方之民，言语不通，嗜欲不同。达其志，通其欲，东方曰寄，南方曰象，西方曰狄鞮，北方曰译。"这段话明确阐述了翻译的动因、目的、标准、方法、政治性等诸多问题，是中国翻译观的早期理论形式，具有不可替代的启示作用。

一、译之"动因"

《礼记·王制》中记载："中国戎夷，五方之民，皆有其性也，不可推移。东方曰夷，被发文身，有不火食者矣；南方曰蛮，雕题交趾，有不火食者矣；西方曰戎，被发衣皮，有不粒食者矣；北方曰狄，衣羽毛，穴居，有不粒食者矣。中国、蛮、夷、戎、狄，皆有安居、和味、宜服、利用、备器。五方之民，言语不通，嗜欲不同。"

中国是个多民族国家，在古代，除华夏族之外，夷、戎、狄、蛮乃四方之民，皆各有"性"，"不可推移"。而蛮夷又分为东夷、西戎、南蛮、北狄四类，且在地理方位和风俗习惯上都有着显著的区别。

既然五方之民"各秉其性""嗜欲相异"且"不可推移"，为了各族之间的交流，语言的沟通者即译者就相应出现了。而且译之"因"也显而易见：即"五方之民，言语不通，嗜欲不同"。这实际上也诠释了翻译活动的缘起。

每一种语言都用其独特的结构系统诠释世界，世界就是被不同地区文化用各自的语言系统符号化的世界，每个被符号化的世界就具备了该地区、该民族文化赋予的特殊内涵。而当来自不同地域，使用不同语言，拥有不同喜好的人需要沟通的时候，翻译活动就产生了。

翻译当然不是简单地把同一内容的不同语言文本统一起来，而是要把不同语言文本所承载的不同文化统一起来。既然每一种语言都承载着各自独特的文化，彰显着不同地域人的世界观，在相互交流中，就必定会产生文化的隔阂和冲突，具有不可通约性。

那么，依靠翻译是否就能融通万道、万名，以求常道、常名，从而实现文化的交流与理解呢？

子曰："性相近也，习相远也。"人类的本性具有相近性——"中国、蛮、夷、戎、狄，皆有安居、和味、宜服、利用、备器"，只是在不同语言、文化、习俗环境的习染下而呈现出差异性；而人类所追求的普世价值、所关心的共同问题以及交往需要，也使得不同民族文化之间"不可通约也得通约"。翻译因此而成了不同语言文化环境下的交际双方相互了解的一种跨文化传播行为。唐代贾公彦在《周礼义疏》中所说："译即易，谓换易言语使相解也"，就指出了语言转换之目的在于"使相解也"。宋代僧赞宁则用"橘生淮北则为枳"形象地比喻"译"即"易"，虽言不同，然可"相解"："译之言易也，谓以所有易所无也。譬诸枳橘焉，由易土而殖，橘化为枳。枳橘之呼虽殊而辛芳干叶无异。又如西域尼拘律陀树，即东夏之杨柳，名虽不同树体是一。"

虽然《礼记·王制》中的"五方之民"之间的"译"所指仅限于中原地区的语言与各少数民族地区语言之间的转换活动，即雅格布森所谓的"语内翻译"，但其所包含的对翻译动因的阐释，同样适用于"语际翻译""符际翻译"，因为只要有翻译行为出现，都是为了通过"言语"的转换，使不同"地域"下的文化和"嗜欲"，可以达成沟通和理解。

二、译之"标准"

既然译之"目的"是"易言语使相解也"，那么如何翻译才是"相解"，换句话说，翻译是否成功的"标准"是什么呢？《礼记·王制》的答案是："达其志""通其欲"，即通过翻译使双方彼此"了解其心中所想""通晓其喜好风俗"。这里包含两方面的意思，一是译者为了确保交流成功，必须既要通达言者"志欲"，又要明晓受者"志欲"；二是通过翻译，使言者和受者之间实现"通晓"。

三、译之"变"与"法"

在周王朝，负责翻译的官员有四种称谓，是根据他们所负责的不同方位分别命名的：翻译东方民族语言者，称之为"寄"；翻译南方民族语言者，称之为"象"；翻译西方民族语言者，称之为"狄鞮"；翻译北方民族语言者，称之为"译"。其中象胥氏通六蛮语，狄鞮主七戎，寄司九夷，译知八狄。虽然后来随着北方翻译活动的兴盛与繁荣，"寄""象""狄鞮"三种称谓逐渐消失，"译"成了译者的统称，但不可否认的是，在周朝人眼中，"寄""象""狄鞮""译"四者各司其位，各有所指，意义分明。这种翻译的"因地制宜"也表明，中国从有翻译之始，就认识到了翻译不能"一刀切"，而应区别对待。译者不只是需要具有语言能力，还应通晓所译对象的文化特点，选择合适的翻译方式，因时因地而"变"，不可统以概之。这对当前所需的翻译人才的培养，也可提供借鉴。

《礼记·王制》中区分了四种不同的译法，即"寓""像""晓""释"。东方之寄以"寓"传达，即把言者之意寄托在某种事物上以完成交流；南方之象以"像"传达，即按照言者之意模拟其形象来表达；西方之狄鞮通过通晓远方（各地）之事，了解他们要表达的意思以顺畅沟通；而北方之译则以此语"释"彼语，达到互解。这也是周朝四方译官的分工，当然所需语言和能力也不同。

从翻译方法上讲，"晓"字表明了"远履其事而知其言意"的重要性。翻译应该包含两个过程：首先是在本地"生产加工"的过程，然后是翻译作品走出原产地，在异域被接受的过程。这两者相辅相成，互为基础，无生产加工就无法走入异域；而不考虑翻译作品的流通和接受，生产加工也就没有意义了。而"寓""像""释"则表示：翻译行为是意义转换的行为，不能仅仅限于语言的转换；而为了成功实现意义交际，译者可以采用多种翻译方法。"寓""像""释"诸法都不是对原语的亦步亦趋，体现了译者的主体性。

在周朝，身处四方的译官，并没有纠缠于翻译的"忠"或"不忠"，而是实事求是地根据意义传达的需要采用不同的译法，向四方之族充分展现原作者——"中国"意欲表达的意义。

显然，这种"译释"法，已非常接近于现代阐释学的翻译观①，即把翻译当作一种不同语言间的阐释行为。译者通过自己对原文的理解与阐释，将阐释心得融入译文，再将译文传递给译语受者。

四、译之"政"与"位"

《礼记·王制》中还论及翻译的其他一些方面，其中主要的还有两点，即翻译的"政"与"位"问题。

"政"，指的是翻译的政治性。"凡居民材，必因天地寒暖燥湿，广谷大川异制，民生其间者异俗，刚柔轻重，迟速异齐，五味异和，器械异制，衣服异宜。修其教，不易其俗；齐其政，不易其宜。"也就说，《王制》主要是从治国角度，论翻译的治国功能，即"修其教，不易其俗，齐其政不易其宜"，目的是"尊君亲上"，带有政治色彩。翻译的跨文化传播性质与功能，则服务于政治目的。

实际上，翻译从来无法回避意识形态因素，因为文化本身就是意识形态的一部分，译者本人就是文化元素的载体，翻译从某种角度上讲也是将一种文化意识形态与另一种异域文化意识形态实现沟通。以中国文化外译史为例，汉朝张骞和明朝郑和之所以能实现"使中国走向了世界"的壮举，都与中国当时政治上的"稳定"和"外宣"相关。玄奘求法返唐之后，"太宗、高宗欣赏其才，欲收己用而不能，而又对其之法门领袖之地位心存忌惮，遂以译事为牵制，置于朝廷掌握之中"，其译事自然也就服务于政治目的了；孙中山为宣传中国的资产阶级革命，特创办英文报刊向外国人介绍，以正国际视听。而20世纪八九十年代的"熊猫丛书"和新世纪以来旨在"全面系统地翻译介绍中国传统文化典籍"的"大中华文库"丛书，都是国家宣传机构所主持的对外译介项目，不可避免地具有官方意识形态色彩。这说明，政治与翻译的紧密关系是常态。

尽管中国的翻译活动历史悠久，自周朝就已有记载，但翻译之"位"却并未从一开始就得到应有的重视。《王制》是《礼记》中的一篇，其内容是"记先王班爵、授禄、祭祀、

---

① 译的阐释学研究滥觞于翻译理论的"文化转向"，其主要代表伽达默尔就认为："一切翻译已经是阐释，我们甚至可以说，翻译始终是解释的过程。"

养老之法度"，属于记述制度的文献，全文总共 5 398 字，其中谈翻译仅寥寥数笔，翻译活动在当时的地位可见一斑。这种情况从周朝一直持续到明末清初，即使今天，仍无多大改观。

译事地位低下，与翻译活动出现的政治环境有关。《王制》中所谈的翻译，是为了将"五方"之中的"中国"的意志和意愿向周边"四方"民族传达，是"中央"和"地方"的关系，是"臣"与"子"的关系。"中国"本土所孕育的文化带有其自身的意识形态，从而衍生出本族中心主义，表现出自主性、自恋性甚至自大性。"夷""戎""狄""蛮"古时皆属贬称，"中国"与之相互交流的译事地位低下，自然也是情理之中，孔子就曾直言不讳地视"译"为"小辨"，"译之活动"是"简矣"：

公曰："寡人欲学小辨，以观于政，其可乎？"子曰："否，不可。……天子学乐辨风，制礼以行政；……士学顺，辨言以遂志；……如此，犹恐不济，奈何其小辨乎？"

公曰："不辨，何以为政？"子曰："辨而不小。夫小辨破言，小言破义，小义破道，道小不通，通道必简。是故、循弦以观于乐，足以辨风矣；尔雅以观于古，足以辨言矣。传言以象，反舌皆至，可谓简矣。"（《大戴礼记·小辨》）①

翻译活动既是"小辨"，且又"简"，自然不必过于重视。

五、"译"即"易"，却非"易"

"五方之民，言语不通，嗜欲不同。"为"达其志，通其欲"，就须有"译"。这说明，翻译现象从一出现就源于地域、语言、文化三者的动态关系，翻译活动绝不仅仅是一种语言间的转换，而是一种渗透着政治性的跨文化交际行为。翻译要秉承"因地制宜，外外有别"的理念，赋予译者主体能动性，使其可以运用各种译法，既通"原本和原作者"之"志欲"，又达"译本和接受者"之"志欲"，抑或在两者之间找到良好的平衡。

在中华文化日益世界化的今天，翻译究竟应居何种地位，应起何种作用，从《王制》中的相关论述，我们应该能得到一些启示。

第三节 翻译文学的选择

中国文学应该"走出去"，但应如何"走出去"？目前已是翻译界和中华文化传播的热点话题。但哪种文学应该走出去，却是仁者见仁、智者见智，因为"中国文学"的范围实在太大，很难明确界定哪些是该"走出去"的文学，哪些是不易或不宜"走出去"的文学。但因为"走出去"的文学事关中华文化的国际传播，是中国形象的展示和传播，所以一定应是符合中国主流价值观的作品，也就是通常所说的严肃文学。从中国文学的

---

① 　王聘珍：《大戴礼记解诂》，北京：中华书局，2008 年.

海外传播史来看，我们主动外传，甚至花费大量人力物力精心组织外传的文学作品，都是"根红苗正"的严肃文学或曾经通俗的经典文学作品，如四大名著等。

但应该和能够走出去的真的只能是严肃文学吗？承载中华文化的只有这些严肃文学吗？或者说，严肃文学能涵盖中华文化的丰富性吗？答案显然是否定的。从中华文化国际传播的角度考虑中国文学的外译，应该遵循"百花齐放"的基本原则。只要是能代表中华文化的积极性和进步性，代表中华文化的丰富性和多元性，就都应该成为翻译的对象。其中一般作为严肃文学对立面的通俗文学，如中国读者普遍喜爱的武侠小说，也应该成为国家政策层面大力支持的翻译对象，因为这些作品通俗易懂，而且涵盖着丰富的中华文化元素，其文化传播的功能，效果可能更明显。

以金庸小说为代表的新派武侠小说，当然属于通俗小说，却比严肃文学更受中外读者喜爱。中国出版科学研究所进行的全国国民阅读与购买倾向抽样调查结果显示，在最受读者喜爱的中国作家中，金庸的排名一直远超四大名著的作者。根据金庸作品改编的电视连续剧、电影、广播剧、舞台剧、漫画、动画、电脑游戏等，更是不计其数。《射雕英雄传》《天龙八部》的部分章节还正式进入中小学语文教材。关于金庸小说的研究也风生水起。1986 年，红学家冯其庸在《中国》杂志（第 8 期）上发表了《读金庸》一文。认为金庸小说包含着极为丰富的历史、文化、社会内容，可以说是诸子百家，无所不包。金庸小说与一般旧式侠义小说有显著的不同，不仅语言雅洁、文学性高、行文流畅婉转，而且表现出一种诗的境界。他希望学界认真研究金庸的小说，引导人们理解其小说的思想内容和艺术成就。他以"红学家"之口，同意把关于研究金庸小说的学问称为"金学"。

金庸热是一个奇异的文化现象。金庸的小说造就了一支特殊的阅读队伍，其中不但有市民、青年学生和粗通文字的农民，也有文化程度很高的政府官员、大学教授，甚至科学家，如杨振宁、李政道、陈省身；金庸的小说不但使人爱读，而且还促发了专业人员的研究兴趣，像美国的华人学者陈世骧、夏济安、夏志清、余英时、李欧梵、刘绍铭；像中国的著名学者程千帆、冯其庸、章培恒、严家炎、钱理群、陈平原等。金庸热还造成了出版界的一个奇迹，它使出版这些武侠小说的正规出版社获得很高的经济利益和社会声誉……

显然，从流行性和典范性的标准看，金庸的小说可以称为经典作品了，理应成为文学翻译的首选。

武侠小说属于通俗文学范畴，而通俗文学一直被视作不登大雅之堂的末技小道，但金庸却使这个历史上备受歧视的小说形式堂而皇之地成为千百万人的精神食粮！

原因何在？

其一，采取了具有中国特色的民族形式。用金庸自己的话说：在形式方面，武侠小说都采取中国传统形式，当然有些人写得很欧化，但大部分武侠小说都十分中国化，太西化读者不大欢迎。武侠小说流行的原因，最重要的是民族形式。

金庸小说采用了最传统的民族形式：讲故事。这在写作越来越西方化，越来越重视心理描写和技巧创新的时代思潮下是一个异数，却给读者以返璞归真、久别重逢的惊喜。读者希望于小说的，是其中要包含洋溢丰满的力量，要有好看的故事和丰富的想象力，要能使日益枯竭的人类的心灵之源重获可使生命复苏的活水。他们需要的是一直被学院派批评家讥刺为二流作家、却为广大的读者欢迎的大仲马、巴尔扎克和雨果这样重视故事的小说家。金庸的态度是很明确的，他为此还专门写过一篇短文：《一个"讲故事人"的自白》，阐明自己"小说就是写故事"的看法。

金庸始终强调故事性在文学中仍应占传统上的地位，小说就是给人们讲述优美动人的故事，以情感人、以美动人、以善教育人的。

"中国故事，世界表达"，是中华文化国际传播的一种被广泛认可的形式，而我们所缺少的，恰恰是会讲故事的人。

其二，表达了中国传统的价值观。文学不是不表达思想，"诗言志"一直就是中国文学的传统，关键是看怎样表达。文学不是宣传工具，它不可能像宣传文字、说理文章那样，通过条理分析和逻辑论证而使读者心悦诚服。文学也可以宣传，但不是在文章中讲道理，或通过故事中人物之口来讲道理，而是通过感人的故事或戏剧场面或激动人心的诗句，使得读者或观众接受作者的感情，而且是热血沸腾、热泪纵横地接受。

金庸小说的思想价值不是直接表现出来的，而是在写作过程中自然流露出来的。金庸在评论性的文章里，也是经常强调理想、公道、正义、道德等观点，但这些观点并没有故意在文学创作中发挥。不过有一点他是无论任何时候都坚信不疑的，那就是武侠小说一定要讲正义、公正，一定要是非分明，要好人击败坏人；书中的正面人物一定不可说谎，不可忘恩负义，不可对不起朋友，必定要有情有义，不可凶暴残酷、奸诈毒辣。

文学要传达中华文化的"正能量"，而只有传播优秀的中华文化的文学作品，才能担负这种使命；而文学作品中那些能遵循中华文化最基本规范的人，就是传播优秀中华文化的"高大上"。文化传播离不开宣传，但要传之有道、有情。

其三，重视娱乐性。中国的传统观念一直是轻视娱乐的，尽管也认为娱乐是人生的必需，但这种娱乐必须与作品的教育意义结合起来，才能得到传统的认可和接受，因为在中国人看来，没有教育的娱乐就是玩物丧志，就是堕落。对待武侠小说的娱乐性，历来有两种观点，大多数人认为它没有教育意义因而排斥它，而肯定武侠小说的人则又过分强调它的教育意义，甚至说其教育意义比一般经籍还要大。其代表可举冯梦龙，他在《古今小说序》中曾这样论述通俗小说的教育意义："试令说话人当场描写，可喜可愕，可悲可涕，可歌可舞；再欲提刀，再欲决斗，再欲捐金；怯者勇，淫者贞，薄者敦，顽钝者汗下。虽小诵《孝经》《论语》，其感人未必如是之捷且深也。"这种观点与反对武侠小说者正相反，肯定武侠小说的教育意义，强调一种基于娱乐性才发展起来的小说形式带上沉重的道德教育的目的，无疑偏离了这种小说的本质。金庸毫不隐讳地承认自己写武侠小说就是为了娱乐，可以说起到了矫正时弊的作用，使武侠小说回归了自己的本质，这是新派武侠小说一直吸引着一代代读者的最根本的原因。金庸的成功，显然与他的这种诚实有关。

其四，超越雅俗之分。金庸小说的流行绝不仅仅因为他写的是武侠小说。他的武侠小说虽然是通俗小说，但这些小说的思想境界和艺术技巧又超越了一般意义上的通俗文学。但若说是纯文学作品，则其小说又具有通俗小说的基本元素，如怪异的情节和惊险离奇的故事。很多金庸的研究者都注意到了这一特色。

其五，与流行媒体合作。金庸小说的广为流传，与现代传播媒介的推波助澜也有很大的关系。从 20 世纪 60 年代开始，金庸的小说就不断被拍成电影、电视连续剧，甚至还被改编成话剧、京剧、粤剧。电影天然具有的娱乐功能和吸引力，再加上大众偶像的个人魅力，以及电影、电视公司的刻意宣传，使得金庸小说被大量改编成电影、电视。

金庸小说的精彩情节和妙趣横生的打斗也为它们进入电脑三维世界奠定了坚实的基础。最早将金庸小说开发成游戏软件的是台湾软件世界智冠科技有限公司，它先后推出《笑傲江湖》《倚天屠龙记》《金庸快打》以及《神雕侠侣》《鹿鼎记》等游戏软件，《软件世界》杂志也大力介绍《天龙八部》和《金庸群侠传》两套大型游戏软件，使金庸小说与高科技得到了完美融合。

漫画界也不甘示弱，《如来神拳》取材于《倚天屠龙记》，《醉拳》取材于《射雕英雄传》，只是将张无忌改成了王无忌，将东邪、西毒、南帝、北丐、中神通改换成东毒、西魔、南僧、北丐、中神通。其他还有《龙虎斗》《风云》，它们或渲染绝世武功，或展现江湖儿女的侠义之举和儿女私情。这其中最为重要也很忠实于原作的漫画是黄展鸣 1995 年所作的《神雕侠侣》，当时该书刚出版了前两册就迅速风靡中国香港、中国台湾、日本、新加坡，至今仍然畅销不衰。

金庸小说中的这些中国元素使之在海外风靡，但也表现出局限性，即其小说的海外影响目前仍主要局限于汉文化圈，而其中主要的阻碍，竟也是因为"金庸的小说纯中国的东西太多了"，"他的书什么领域都有，中医、天文、地理、数学……所以金庸介绍了很多中国传统的东西"。但我们需要传播到西方的，恰也是这些优秀的中华文化要素。

金庸小说在海外的传播和影响，在中国文学领域，已算很成功了。但其经验和教训也提醒我们：要让西方人了解和理解中华文化，我们仍需要做出很多努力，甚至妥协。但这并不是说东西方文化无法交流，因为西方文化中的很多元素，要翻译成中文，也会遇到很多同样的问题。

也许，差异本身，就是东西方文化交流的价值，也是将中国文学翻译成外文的价值之一。

第四节 汉学家与中华文化的国际传播

汉学家是一个涵盖广泛的文化概念，从最宽泛的意义上讲，一切受到某种机缘促使，关注中国并与中国文化产生接触的非华裔人士都属于汉学家的范畴。伴随着中西方文化交流互动途径的变迁，汉学家的群体特征也发生了相应的转变。最初的汉学家包括以马可·波罗为代表的外交使者与旅行家，这些来自异乡的人士远赴中国探险，将在中国期间的生活体验和观察所得撰写成游记。游记中描绘的带有异域风情的中国形象，被所在国家的民众所熟悉，构成了西方人认知中国的情感底色和知识基础。

一、从汉学主义到中国化：理解汉学家的两种维度

就研究对象和学术体制而言，汉学属于广义"东方学"的组成部分。作为社会现实的东方需要经过东方学的过滤框架，才能进入到西方的意识之中。

从东方学的视角出发，汉学研究具有知识体系、思维方式和权力话语三重身份。从最基本的层面上，汉学是一种以客观面貌出现的知识体系，代表着西方学术界对中国的认知状况。其次，在知识体系背后，是一套系统思考中国的方式，也是知识体系得以再生产的条件。最后，相关的知识体系与思维方式，都是学术政治的产物，与权力体制息息相关。汉学作为一种西方文化他者的话语，本质上是西方现代性的组成部分。

萨义德对东方学的建构，主要源于其对西方阴影笼罩下的中东文化的观察与思考，当将这种思考拓展至中国时则存在一定局限。最本质的区别便是中国从未有过像中东或印度一样被西方帝国完全殖民的经历，因而汉学研究也并未承担为战略征服而正名的"殖民话语"使命，所以汉学与传统的东方学在历史上有着截然不同的本质和功能。因此，20世纪末期有学者提出"汉学主义"一词用以指涉在西方中心主义的意识形态和认识论、方法论的指导下所进行的有关中国的知识生产。有学者尝试以"汉学主义"来替代"东方主义"和后殖民主义的视角，超越东方主义理论中嵌入的敌对的政治意识形态，转而考察中西跨文化研究中的文化无意识现象。然而，当一种文化现象被视作"主义"时，就已经被假定成凝固、封闭的观念体系，事实上依然无法摆脱意识形态的笼罩，忽视了汉学研究作为一种开放语境下的跨文化交流的属性，也无法充分揭示汉学研究在跨文化交流过程中所具有的积极作用。

"中国化"一词用来指涉某种事物在与中国文化产生关联的过程中接受中国文化濡染，进而具有中国特质的过程。"中国化"既可以用来描述外来思想进入中国后进行本土化改造，如许多学者研究的马克思主义中国化进程，在这种意义上，"中国化"是普遍的"驯化"过程的特殊表现。同时"中国化"也可以用来形容个体或群体接受中国文化熏陶，由此对于中国产生身份认同的状态。在此基础上，又衍生出"去中国化"、"再

中国化"等表述，用以形容中国文化认同建构过程中复杂的动态过程。

二、作为文化边缘人的汉学家

边缘人概念要上溯到陌生人以降的理论脉络。陌生人概念最初由德国哲学家乔治·齐美尔在 1908 年提出，指涉的是一种漫游中的生活状态，陌生人不是今天来、明天走的流浪者，而是今天来、明天留下来的漫游者，他虽然没有继续游移，但是没有完全克服来与去的脱离。齐美尔将陌生人理解为一种社会互动的形式，并未受到特定地域或职业的限制，当对于社会关系的确定性感觉开始消失的时候，陌生感就产生了。

不同于生长于斯的本土人，陌生人以一种游离的心态栖居在特定社会之中，他虽然可能与群体中的成员有种种形式的接触，但并未在根基上被所在的环境固定化。他虽然与群体成员产生了意义的共享，却在身份上保持疏离，既沉浸其中，又可以随时抽身而去。因此，客观性是齐美尔界定陌生人的首要特征，陌生人可以用更加客观和超脱的视角，若即若离地观察身处的社会情形。这里所说的客观，并不是袖手旁观般超然事外，而是一种超越了确定性限制的特殊参与方式，使得外来者能够以鸟瞰的视角来对待身处的关系。

美国社会学家帕克受陌生人思想的影响，提出了作为文化混血儿的边缘人。边缘人生活于两种以上的文化群体之间，具有两种并存的文化背景，并亲密地分享两种不同的文化和生活，边缘人不愿意同自己的传统决裂，但种族等先天身份所引致的偏见，使得他无法融入新的社会，只好在两种文化、两种社会的边缘生存。相比于齐美尔笔下超然客观的陌生人，帕克为边缘人赋予了文化混血儿的特质，边缘人希望融入主流的文化却无法实现，因此为自己混杂的身份而感到焦虑不安。

帕克的学生斯通奎斯特进一步发展了边缘人理论，他认为移民只是产生边缘性的原因之一，教育、婚姻等行为都可能产生相应的边缘性，当一个人开始学习两种或两种以上的历史、文化、政治、宗教和伦理规则时，其边缘性就产生了。因此，这种边缘性将广义的文化范畴纳入考量，不再局限于早期围绕种族或生理差异而设置的边界，成为一种多元、流动的概念，更加富于弹性和解释力。

随着边缘人概念在社会学、心理学、跨文化传播研究中得到广泛应用，这一概念的意涵又发生了两点重要的转变。首先，边缘人的外延不断扩大，研究者倾向于用"边缘情境"来界定边缘人的身份，认为只要是在社会文化的界限被跨越的地方，就会产生边缘状态，由此那些由于社会关系或个人心理对于社会主流感到疏离的群体，都被纳入边缘人的范围。这一理论上的转变，可以理解为对现代性发展的回应，随着现代社会的个体化趋势以及文化间的交流活动日趋显著，每个人都有可能处于边缘情境，变成社群中的陌生人或边缘人。

其次，边缘人从最初的负面意味逐渐转向中性。帕克对于边缘人的处境给予了悲观的理解，认为边缘人处在初始群体和新群体的文化夹缝之间游移不定，是社会问题的潜在来源。但后续研究者发现边缘人可以采用多种策略来调适自己的文化身份，不会遭遇文化分裂的困境。因此，当边缘人概念应用于跨文化交流与文化身份的研究中时，通常仅用来区分群体差异，并不包含褒贬的色彩。

在全球化时代，早先基于熟人社群的社会关系发生重组，作为分析单位的文化，不再受到地缘与血缘的束缚，变成可以流动与伸缩的概念。基于边缘人理论与文化中国的构想，本文拟提出"文化边缘人"的概念。文化边缘是一种文化的外沿地带，是多元文化对话与互动的空间，也是文化的核心价值向异文化输出的重要渠道。不同文化的元素在此聚合，创造出新的意义并反馈各自的文化母体，从而实现跨文化交流。文化边缘人，正是栖居在文化边缘地带，对于两种或多种文化有着真切感知，并据以调适自己的身份认同和行为方式的人。同时，文化边缘人借助自己在多元文化之间的实践，在客观上促成了文化间的交流与理解。

历史上的旅行者，今天的跨国企业员工、难民、婚姻移民等，都属于典型的文化边缘人，不同学科的研究者对于这些群体的文化适应、跨文化能力等现象也有了一定的关注。然而在跨文化交流中扮演重要角色的汉学家，却没有受到跨文化传播研究者的关注。与上述群体不同，汉学家通常并没有在中国长期定居的经历，甚至有些汉学家终其一生没有来过中国。然而汉学家通过大量地阅读与考察，接触并了解中国文化，对中国文化产生亲近感和认同感，同时又穿梭于不同的文化从而促进跨文化交流，正契合文化边缘人的概念所指。而汉学家如何利用所处的边缘情境发展多元文化的视角，如何受到中国化机制的影响进而被吸纳入文化中国的范畴之内，则成为有价值的考察对象。

三、文化传播

（一）文化指什么

文化指什么？《现代汉语词典》对"文化"的注释是："人类在社会历史发展过程中所创造的物质财富和精神财富的总和，特指精神财富，如文学、艺术、教育、科学等。"有人说，这说的是"广义的文化"。确实，文化的含义是很广泛的，它反映各个民族、各个国家及其民众的风貌、特质和品格，是各个民族和国家历史发展所形成的各种思想文化、观念形态、科学研究水平的总体表征。要给文化下一个准确或精确的定义，实在是一件非常困难的事情。到底怎么给文化下定义？文化的内涵该怎么概括？对文化该如何分类？如果去查阅国内外的辞书，可以说有同有异，或者说同中有异、异中有同；如果去百度搜索引擎、微软 bing 搜索引擎、google 搜索引擎的"文化 /culture"条看一看，其答案那可以说是五花八门、众说纷纭。在这里我不想引述国内外各辞书对"文化"的注释，也不想引述国内外各种搜索引擎的"文化/culture"条目内的内容，大家可以自己去查阅，当然我更不想也没有能力在这里对种种有关"文化/culture"的不同说法来加以评论。不过，有一点似可以基本肯定，那就是文化是相对于政治、经济而言的，泛指人类全部精神活动的产品。这可以说是东西方的辞书或百科中较为共同的认识。

（二）文化传播的"必然性"与"双向性"导致文化交流

文化传播具有"必然性"与"双向性"，这是由文化所具有的动态性决定的。

文化传播的"必然性"具体体现在两个方面：一是从纵向来看，文化具有时代性，这跟人类对客观世界、对自身的认识不断变化与深化有关。因此，文化是人类社会历史发展的积淀物，具有历史传承与发展的特性，各民族、各个国家的文化都有历史的印记。二是从横向来看，文化具有民族性、地域性，而不同民族与国家之间的相互接触必然会造成文化的互相交流，因此可以说文化传播具有"必然性"。

什么是文化传播的"双向性"？要知道，任何民族、任何国家都希望将自己的文化往外传播，让其他民族、其他国家了解、认可乃至认同、吸纳，尽可能使自己的文化融入国际多元文化宝库中去。同时，任何民族、任何国家也需要了解别的民族、别的国家的文化，从中吸取自己所需要的营养，以不断丰富自己的文化。这就是文化传播的"双向性"。

文化传播的"必然性"和"双向性"，导致不同民族、不同国家之间文化的互相交流。而不同民族、不同国家之间文化的互相交流，无论对他方还是对己方，还是对整个人类社会来说，都会带来极大的好处。

首先，有利于各民族、各个国家互相学习、借鉴、吸收人类优秀文化成果；有利于不断充实世界多元文化宝库，维护世界文化的多样性，使世界文化日趋多姿多彩；有利于促进世界文化的繁荣和发展，促进各民族、各个国家文化的创新与发展。

其次，使各民族、各国民众扩大视野，有助于普遍提高人们对文化的认识，认识到文化是全球各个民族、各个国家的民众创造的，文化来源于人类，又服务于人类社会，并在一定程度上约束、规范着人的言行，从而促使人类创造更加辉煌灿烂的文化。所以，文化传播也将有助于提升民众对文化艺术的鉴赏能力、创造能力和兴趣。

最后，广泛的文化交流有助于推进各国政治、经济等各方面的交流与发展；有助于增进各民族、各国民众之间的友谊和相互了解；有助于增进民族与民族之间、国与国之间的友好合作关系，促进世界和平与发展，建设和谐世界；有助于构建人类命运共同体。

（三）决定文化成功传播的因素

从整个世界历史发展进程看，存在着两种性质不同的文化传播。一种是在不同民族、不同国家的自然接触、友好交流中相互进行文化传播。另一种是列强入侵，入侵者强迫被奴役、被统治的民族或国家的民众接受入侵者的文化，不管当地民众是否愿意接受。

真正的、健康的文化传播是前一种。至于后一种文化"传播"，入侵者只能得势于一时，最终入侵者的文化因素会随着入侵者统治的结束而逐渐给抹去。当然，也会有少部分文化因素遗留下来。

作为正常的文化传播，决定一个民族或一个国家的文化成功传播于其他民族、其他国家的因素，主要取决于：

第一，别的民族、别的国家对该文化某些因素的需求。这包括国家和民族发展的需要、人民群众生存的需要、人民群众精神生活的需要（如"欣赏的需要"）。如果需要，就会积极主动地来了解、来学习，并加以有选择地吸收。

第二，文化自身的魅力，即文化自身对各国、各民族的民众所具有的很强的吸引力、感染力。像古希腊的苏格拉底、柏拉图、亚里士多德，德国的康德、黑格尔、费尔巴哈、尼采、马克思、恩格斯，法国的孟德斯鸠、伏尔泰、卢梭等人的哲学著作；古希腊的荷马，意大利的但丁，英国的莎士比亚、拜伦，法国的雨果、莫里哀、巴尔扎克，西班牙的塞万提斯，德国的歌德、海涅，奥匈帝国的卡夫卡，俄国的果戈里、陀思妥耶夫斯基、屠格涅夫、托尔斯泰，美国的海明威，印度的泰戈尔等人的文学作品以及德国的格林童话、丹麦的安徒生童话；意大利的达·芬奇、荷兰的凡·高、西班牙的毕加索等人的绘画；德国的贝多芬、巴赫、施特劳斯，波兰的肖邦，奥地利的舒伯特、莫扎特，俄国的柴可夫斯基等人的音乐作品，俄罗斯的芭蕾舞以及中国的孔子、孟子、老子、庄子、孙子等的相关作品，还有《三国演义》《红楼梦》等古典小说，等等，之所以能传遍不同政治信仰、宗教信仰的世界各国，脍炙人口，能成为具有永恒性的作品，靠的就是超越民族、超越国界的思想、艺术魅力，而这并不意味着都赞同，但意味着都能认同或不可忽视。

第三，文化拥有者的民族、国家及其民众的良好形象。一个民族、一个国家在世界上能给人以良好的形象，该民族、该国家的文化就容易在其他民族、其他国家传播。反之，一个民族、一个国家在世界上给人以不良的形象，那么该民族、该国家的文化就难以在其他民族、其他国家传播。在我们生活中大家也都会有这样的体会：人见人爱的事物人们会自觉不自觉地仰慕它、接受它，容易为人们所青睐，而人见人厌的东西人们会自然地排斥它，拒之于门外。

四、关于中华文化的国际传播

中国是一个文明古国，又是一个正在迅速崛起，经济、科技等各方面飞速发展，逐渐在国际上具有举足轻重作用的和平大国，让世人刮目相看。她既拥有光辉灿烂而又神奇深邃的古老文化，又有各民族交织、中外交融的现代文化。我国上上下下都很关心中华文化的国际传播。"讲好中国故事"，让中华文化走向世界，融入世界多元文化之中，这已成为实现"中国梦"的一个组成部分。

对于中华文化的内涵与分类，也是众说纷纭。在这里，我也无意对种种不同的说法加以评述，我只是想用现在大家都很喜欢说的"硬""软"这两个字儿，将中华文化分为"硬文化"和"软文化"。

"硬文化"，是指反映我们国家、我国各个民族各方面生活的有形文化，这包括以下几类：

一是制度文化，如国家的行政管理体制，金融、经济管理运行体制，人才培养、选拔的教育制度，法律制度，军事制度以及民间的礼仪俗规等内容。制度文化是人类在物质生产过程中所结成的各种社会关系的总和。

二是艺术文化，如具有国家和民族特色的文学经典作品，绘画、摄影作品，音乐、舞蹈，戏剧、曲艺，棋艺，雕塑（包括石雕、瓦雕、木雕、泥塑、糖人），剪纸，陶瓷，等等。

三是旅游文化，如秀美山川，地理风貌，诱人的风景区，具有国家和民族特色的古建筑，等等。

四是生态文化，如森林覆盖面、绿化程度、水资源状况、生存环境等。

五是饮食文化，如菜系，饮食习惯，饮食器具，还包括酒文化、茶文化等。

六是服饰文化，这是民族文化的重要组成部分。服饰是装饰人体物品的总称，包括服装、鞋、帽、袜子、手套、围巾、领带、提包、阳伞、发饰、戒指、耳环等。服饰的选用，会综合显示一个民族的生活习俗、审美情趣、色彩爱好以及种种文化心态，同时能深刻反映一个时代人们的思想观念和生活方式的变化。

七是习俗文化，即贯穿在日常社会生活和交际活动中本民族所特有的习俗，包括婚丧喜事亲友称谓会话语言规约（包括称呼、问候、询问、道谢、致歉、告别、赞同、拒绝、打招呼等表达法）等。

八是历史文化，这除了国家、民族的实际历史外，还包括历史上那些渗透着民族心理和社会意识的典章制度、传统节庆日等，也包括渗透于文化之中并不断发展而逐渐积累成的、带有时代烙印的成语典故、警句格言等。

九是健身文化，主要指中医中药、针灸、按摩推拿以及武功、拳术等。

十是汉语汉字文化，汉语、汉字本身就是文化的组成部分，而汉语汉字的特点又带来特有的文化因素，如中国的楹联条幅、谐音字画，以及中国的书法、印章等。

"软文化"，是指反映国家和民族精神风貌和品格的无形文化。主要包括以下几类：

一是心态文化，即一般所说的世界观、人生观、价值观、伦理道德观等。

二是思维文化，这是民族发展过程中自然形成的特有的思维方式和某种信仰，主要是指哲学思想、思辨方式、宗教信仰，也包括诸如说时间、地点的方式（是从小到大还是从大到小），计数称量法，方位确定法等。

不管是"硬"文化还是"软"文化，我们都希望能在国际上广泛传播，但具体说来，"软""硬"文化的海外传播目的还有所区别。

"硬"文化的传播目的，主要是让别的国家、别的民族知晓、认识、欣赏，并希望能吸引别的国家的民众到自己国家来了解，当然也欢迎人家学习，甚至希望人家向往。

而这对我们国家来说，也有助于促进我们国家的文化发展，有助于促进我国的经济发展，同时有助于加强与别国的交流互鉴，加深与别国的友好关系。"软"文化的传播目的，主要是希望别的国家、别的民族对我们的国家理念、民族精神与风貌，对我们的核心价值观、人生观乃至思维方式，能了解，能理解，能尊重，当然也欢迎别的国家、别的民族来学习。

五、汉语教学与中华文化的国际传播

"汉语教学必然要承担起中华文化国际传播的责任"，这一点在 20 世纪 80 年代大家就意识到了。但是，文化教育在汉语教学中到底应放在什么地位？在汉语教学中如何处理好语言教学与文化教育的关系？对此必须有一个正确而清醒的认识。

早先有媒体宣传说，"汉语教学是手段，传播中国文化才是目的""外国人要学的是中国文化，不是汉语"等。这种看法显然是不正确的。如果以这种偏激的言辞为导向，其结果不仅会大大削弱汉语言文字教学，而且从文化传播的角度来看，这也绝非科学之举、策略之举，反倒将有损中华文化的传播。再说，如果我们开展汉语教学的结果是外国学生虽然知道一些有关中国的文化知识，甚至能掌握某种文化技艺，但只能说一些简短的口语，不能阅读中文书刊与报纸，那么他们如何能真正了解中华文化、研究中华文化？如何能向自己国家的民众介绍中华文化？汉语教学必然会伴随着文化教育，但文化教育不能喧宾夺主，更不能用文化技艺来冲击汉语教学。

语言只是一种载体，语言必然表达思想。事实告诉我们，任何外语教学，都必然会伴随着思想文化教育，古今中外概莫能外。一个学生在接受一种外语教学、学习，掌握好一种外语的同时，很自然地会了解该语言所属的民族和国家的文化，更会不知不觉地接受浸润于语言教学中的该语言所属的民族和国家的文化，特别是他们的民族理念、人生观、价值观乃至思维方式。

可见，汉语教学是要担负起文化教育任务的。汉语教学中的文化教育，既要有"硬"文化方面的内容，更要有"软"文化方面的内容。"硬"文化方面的内容，主要体现在设有某外语专业的课程中，开设二至三门知识性方面的课程，诸如"中国历史""中国文学概论""中国文化概论"等。"软"文化教育则不是通过知识性课程，更不是通过"宣传说教"，主要体现在教材特别是课文内容和教学活动过程之中。说得明白些，"软"文化是需要浸润在教材和教学活动之中的，主要是采取"随风潜入夜，润物细无声"，潜移默化、耳濡目染的方式。这样的文化教育，才能深入骨髓，真正起作用。目前许多地方汉语教学中的文化教育只着眼于文化知识、文化技艺的教学与传授，说实在的，这有点本末倒置。其实，重要的是要将中华文化的精髓，将体现中华民族人生观、价值观、哲学思想乃至思维方式的一些"软"文化内容，艺术地、"随风潜入夜，润物细无声"地编入汉语教材的课文之中，而所编的汉语课文乃至整个汉语教材，在表述上一定要做到浅显易懂、生动活泼、有趣味性，让汉语教师感到好用，让外国汉语学习者读着喜欢，爱看爱学。这就关涉到汉语教学中语言教学与文化教育的关系问题。必须明确，二者的关系是语言教学为主，文化教育只是伴随性的。如果我们开展汉语教学，外国学生虽然知道一些有关中国的文化知识，甚至能掌握某种文化才艺，但只能说一些简短的口语，不能阅读中文书刊与报纸，更不能用汉语写作，那么他们如何能真正了解中华文化、研究中华文化？如何能向自己国家的民众介绍中华文化？如何能将中国的一些经典作品，包括影视作品，翻译成他们的文字，以供他们的国民阅读或观看？这一点，我们也需要换位思考。我们中国的民众对西方各国文化的了解、对东方各国文化的了解，主要不是通过自身学好外语后阅读原著实现的，主要是通过阅读我国的各个语种的专家学者和翻译家对他国文化的介绍，通过阅读、观看我国的各个语种的专家学者所翻译或译制他国的经典作品和优秀作品实现的。

因此，我们开展汉语教学，必须明确，汉语教学的核心任务是，要想方设法帮助学生尽快、尽好地学习、掌握好汉语，特别是汉语书面语。汉语教学的指导思想是，怎么让外国学生在最短的时间内能尽快地学习、掌握好汉语，培养起较好的包括语言能力、文化品格、思维品质和学习能力的综合汉语素养。

在非汉语／中文专业的汉语教学中，也不是说绝对不要"硬"文化内容。在汉语教学过程中，根据不同情况、针对不同教学对象，需要适当开展一定的文化活动。中小学生学习外语一般都没有明确目的，缺乏自觉性，要以兴趣为驱动力，需要由适合孩子童心的文化娱乐活动开路，以增强孩子学习汉语的趣味性、娱乐性。在大学教汉语，特别是在大学的中文／汉语专业教汉语，汉语教师可以利用节假日或业余时间，本着学生自愿参与的原则，适当组织一些课外文化活动。譬如，有学生希望学习中国汉字书法、中国功夫或中国乐器、中国红绸舞等，而汉语教师自己有这方面特长或能耐，那就可以利用节假日或业余时间教他们；或者自己虽然不会，但可以邀请中国相关的学者专家来教一些中华才艺。这样做也有助于增强汉语老师跟学生的亲和力，可以给学生以中华文化的影响，可以实际训练学生说汉语、听汉语的能力，而且可提高学生学习汉语的兴趣。但是，文化教育是伴随性的，这一点必须明确，决不能喧宾夺主，更不能用文化技艺来冲击语言教学。这就是为什么我们一再强调汉语教学一定要以语言教学为主的原因。

第八章
经济与文化传播

第一节 经济与文化的融合与发展

经济与文化是一种对应的、互相促进的关系，有什么样的经济体制、经济形态，就应当对应着什么样的文化。我国正处在经济体制和经济发展方式转换的关键时刻，应当特别重视经济与文化的融合与发展。

一、转变经济体制和经济发展方式，文化建设具有不可替代的作用

我国正处在建立和健全社会主义市场经济体制、转变经济发展方式的关键时期，能否顺利完成上述的"健全"和"转变"，文化建设的意义特别重要，因为经济体制向来不是单纯的经济体制。

历史和理论的分析证明：

其一，一种文化、一种价值取向对应着一种经济体制，对应着一种发展方式。我们之所以选择了市场经济，是因为我们认识到了作为个体的人是有着自我利益的追求的。这种在法制的规范之下，履行了必要的社会责任，合乎职业道德的追求，是有利于经济社会健康发展的。我们之所以选择了市场经济，还在于给自由竞争、市场配置资源以肯定，认识到了计划者所掌握的知识和信息是有限的。

其二，转变经济发展方式，与其说是一种经济层面的追求，不如说是一种精神层面的、文化层面的追求，因为说到底，转变经济发展方式是一种思维方式和行为路径的转变。这里的转变经济发展方式，并不是简单地上几个项目的问题，而是要把创新作为原动力、作为一种常态；着力于启动内需，特别是消费性需求；是要着力于提升产业链，着力于经济发展的内生力量而不是政策刺激；合理界定政府发挥作用的范围，让企业家充分发挥创新和提升产业链的激情。转变经济发展方式要使我们的经济发展更为主动、稳健、持续，更有话语权。

其三，在一定意义上一种文化对应着一种产业。文化是一国的软实力，我们需要硬实力，同样也要软实力。

二、作为精神层面的文化的特点

作为精神层面的文化具有以下特点：

其一，精神层面的文化是一种上层建筑，是一定的经济形态、经济基础、生活方式的反映，并服务于特定的经济基础。农耕文明有农耕文明的文化，工业文明有工业文明的文化，自然经济、计划经济、市场经济各有与之相适应的文化。在一个封闭的系统中，其生产方式和文化上层建筑会周而复始地循环。例如自然经济的自给自足以及与之相适应的文化是一种超稳定的经济社会形态。

其二，文化的变迁是随着经济形态和生活方式的变迁而变迁的。在文化的变迁过程中，最先变化的是人们的生活方式、行为方式，其次是价值判断和习俗，最后是深层的心理积淀。文化的变化最先可以从模仿开始，直至观念、道德和心理层面的变化。变迁可能来自最初的模仿、追随，随着在更多领域的模仿和追随，会发生一定的从量到质的变化。当然，这一切都以生产方式即经济形态，以及人们获取物质产品的方式为前提。此外，开放带来的冲击通常可以成为文化变迁的契机和杠杆。

其三，文化是一种精神，是通过塑造人而对经济社会发挥作用的。不同文化背景下的人会有着不同的工作态度、生活态度，例如严谨还是马虎、拖沓还是迅捷、进取还是停滞、是有原则还是无原则。文化的作用是潜移默化的，是下意识的，是从来不需要记起、永远也不会忘记的，是近乎条件反射的。文化是行动，不是口号，是融汇在人们血脉之中的。

其四，文化是一种社会资本。社会资本可以降低交易费用，激励创新和进取。市场经济国家通常拥有较为丰厚的社会资本。这是软实力之所在。

三、与市场经济相适应的文化

市场经济体制不是纯粹的"经济体制"，而是一个系统的工程，其中包括与之相适应的文化。当我们选择了社会主义市场经济的时候，我们同样需要市场经济的文化。这种文化就像数理化一样是共通的。

与市场经济相适应的文化大致包括：

（一）正确对待财富，贡献社会是一个人的社会责任

有意思的是资本主义走向胜利前，在如何对待财富的问题也曾发生过激烈的争论，因为在中世纪，在基督教时代的初期，社会的思想准则是，对金钱和财富的贪婪是令人堕落的罪恶之一，而对荣誉的热爱能够"重振社会价值"。争论的结果达成的基本共识

是一个人不可能没有欲望,应当以有益于社会的欲望平衡有害于社会的欲望。赫西曼在《欲望与利益》中指出,"几乎没有比使一个人忙于赚钱更无害的方法""哪里有善良的风俗,哪里就有商业。哪里有商业,哪里就有善良的风俗,这几乎是一条普遍的规律"。有了这样的"思想解放",才有经济的迅猛发展和社会财富的快速积累。根据马克思的经济学,商品是价值和使用价值的统一体。商品生产者要得到价值,其商品的使用价值必须为社会所承认。我们需要反对的是不当收入。基于这样的分析,在法律的规制下,成为合乎职业道德的富人,即成为对社会贡献大的人,应当是一个人的正常选择。故此,比尔·盖茨的财富、乔布斯的财富,以及诸如此类的阳光财富,社会是予以肯定的。

(二) 浓郁的商业氛围和企业家精神

浓郁的商业氛围是指深藏在民间的创业、经营精神和经营才能。

我们可以把企业家精神概括为:第一,永不安分,总是有着各种奇思妙想,有时甚至是各种怪诞的想法,有着浪漫主义的遐想。第二,敢于冒险,敢于探索未知领域,并且坚韧不拔地追求。第三,永不停止,永远没有尽头。马克斯·韦伯说:"在生活中,一个人是为了他的事业才生存,而不是为了他的生存才经营事业。"总是会在变化了的形势下发现新的机遇。第四,更推崇个人主义,不拘于传统。

(三) 自由选择、公平竞争、包容失败

市场经济下的公平竞争是市场经济魅力的真谛。然而竞争必须是公平的。这里的公平特别指给予当事人自由选择,是一视同仁的进入。进入者有资格,也乐意为自己的选择负责。

有竞争就有失败,这一次失败不等于下一次同样要失败。既然有追求成功的自由,就必须有允许失败的自由。这种失败的教训最好是惨痛的,不仅让当事人,而且让当事人之外的人难以忘怀。一个不能容忍失败的经济制度不可能进行竞争和创新。

(四) 诚信与职业道德

诚信与职业道德在一定意义上实际上是一回事,遵守起码的职业道德的人肯定诚信,诚信的人肯定讲职业道德。诚信和职业道德都是一个社会的社会资本,社会资本的丰厚与否直接关系到社会的交易费用和管理成本。缺少诚信,缺少起码的职业道德底线,市场经济就无法正常运行。

第二节 汉语国际推广中的中国文化传播

随着全球化进程的加快,文化越来越成为一个国家软实力的标志。随着中国的崛起

及世界对中国的关注，汉语国际推广面临着各种挑战和机遇，我们既要认识到当前汉语国际推广存在的问题，又要采取相应的对策，以文化为基点更好地促进汉语国际推广的持续发展。随着全球化进程的加快，不同国家、民族之间的交流越来越频繁。积极推动本国语言的对外发展，已成为提升国家国际影响力的重要举措。随着中国国际地位的增强，世界上学习汉语的人数不断增加。可以说，汉语国际推广战略自实施以来，取得了举世瞩目的成就。在汉语国际推广中，我们不能仅将语言作为一种工具来传播，我们要以文化为支点来促进汉语的推广，只有立足于中国文化，才能促进汉语国际推广事业的长久发展。

一、汉语国际推广中文化传播的内容

（一）语言教学体现文化传播

汉语国际推广首先是通过汉语教学的手段进行的。不同的语言有不同的文化特征。语言的学习能增进不同文化之间的理解，加强文化认同感。不同的语言中的言语行为、篇章词汇甚至不同的句式、修辞都包含一定的文化内涵。语言所传递的文化信息是汉语教学中不可缺少的部分。在对外汉语教学中，要将语言背后隐藏的文化信息穿插到讲解中，帮助学生正确理解其意义。

（二）跨文化交际中的文化传播

语言教学中的文化内容极其丰富。把汉语教学中的文化分为知识文化和交际文化。知识文化是传递信息时所表现的文化因素。交际文化隐含在语言中，能反映一个民族或国家的价值观念、行为方式、风俗习惯等方面的特征。在汉语教学中，只有解释这种思维方式及文化背景的差异，才能避免误解和冲突，促进跨文化交际的顺利进行。

二、汉语国际推广中面临的文化传播问题

（一）对文化教学的内容实施出现偏差

汉语国际推广是以汉语教学方式进行的，在长期的对外教学活动中，我国教育家已基本上认为文化应贯穿于对外汉语教学的全过程。学校应秉承汉语国际推广的宗旨，重视文化教学。一方面，要宣传中华传统文化中有价值的内容，加强中华民族勤劳质朴的优良品质建设，传播中华民族历来追求的和谐的价值观念。另一方面，要宣传当代中国当代文化的发展理念，增进世界对中国的了解。

（二）文化传播的形式单一

随着汉语传播进程的加快，我们的汉语传播最引人注目的是在世界建立孔子学院，孔子学院已成为汉语推广的标志性机构。孔子学院的汉语传播主要借助对外汉语教学的课堂活动。在科技迅速发展的今天，我们要利用先进的技术，同时借鉴西方国家的传播经验，开辟多样的对外汉语传播形式。

三、增强文化传播的措施

文化交流不仅是世界各国了解彼此的方式，更成为一个国家软实力的标志。那么我们如何更好地实施汉语国际推广，是我们应该思考的问题。

（一）对教材的选取

在对外汉语教学过程中，我们对教材内容的选取，不是随意地进入我们的课堂。一方面，我们在内容的选取上，要将中国传统文化与现代文化相融合。在介绍当代文化的同时，适当讲解中国传统文化中有价值的因素，有利于加深对中国文化的理解，从而帮助学习者能得体地运用汉语进行交际。另一方面，我们在内容的选取上，要将中国文化与当地文化相融合。文化作为人类世界物质文明的劳动成果，是人们智慧的结晶，由于人们生活的物质环境不同，导致不同的地区都有自己鲜明的文化特征。而文化传播成功的关键在于是否得到当地人的认可与接受。这就需要我们继承中华文化的包容性特点，将其应用到我们的国际推广之中。增强当地人对中国文化可理解性的输入，从而促进汉语国际推广的顺利进行。

（二）加大文化产业输出

面对学习汉语人数的增加，我们加快了汉语传播的进程，部分地区也出现与科技相结合的网络教学，如近年来成功举办的"汉语桥"工程等。影视的传播不仅仅可以传播语言，更重要的是承载着语言背后丰富的文化内涵。这不仅能带来看得见的经济利益，而且从长远看，能带来无形的文化价值。加大文化产业输出，有利于汉语国际推广，更有利于人们在娱乐消遣的同时增进对汉语的理解，体现汉语特有的魅力与吸引力。

随着中国国际影响力的不断增强，汉语国际推广取得了突出的成绩，但我们语言推广的历史不长，与世界其他语言的推广经验相比还存在明显的不足。但是我们仍然需要加大电影、电视等文化产业输出，将我们的传统文化与现代文化相结合、中国文化与其当地文化相融合来发展我们的汉语国际推广。只有以文化为根基来推广语言，才能保证我们汉语国际推广的长久持续发展。

第三节 中华文化国际传播的三个层次

"送文化下乡"这句中国人都熟悉的话，是指为活跃农村的文化生活，文艺团体组织文艺工作者到农村进行演出，以丰富农民的生活，活跃农村文化气氛，促进社会和谐。

近些年，"送文化出国"成为国家文化传播战略的一种手段，并且促成了世界范围内的"中国文化热"，成绩骄人。中国的文化及文化产品的世界之路，目前可遵循这样一条路线：第一阶段，以主动送出去为主；第二阶段，以主动卖出去为主；第三阶段，能被主动买回去，进而融进去。三个阶段的方法和途径不同，但目的一致，即更稳妥地推动中华文化走向世界，融入世界，影响世界。

一、第一阶段：送出去

中国的发展需要一个和谐的世界环境，中华文化走出去，可以有助于世界更客观地了解中国、理解中国，而世界的发展也需要借力中国的发展，在这种情况下，中华文化必须主动走出去，甚至主动"送出去"，让世界了解中国。中国一些传统文化的精华，如京剧等国粹，要走向世界，更应该主动送出去，在国外培育一批中国传统文化的爱好者。

中华文化国际传播目前已上升为国家战略，中华文化传播的形式和内容在不断丰富、发展和创新，中华文化在世界的影响力和竞争力也在不断增强。只有先走出去，才能不断熟悉世界文化交流的规律，不断调整中华文化国际传播的策略和方式，逐步成为世界文化大家庭的一部分。

二、第二阶段：卖出去

我们在向世界传播中华优秀文化的同时，要认真研究国际文化市场，充分尊重外国受众的欣赏习惯和审美情趣，用他们听得懂的语言和方式，讲述中国自己的故事，并把中国故事打造成适合世界的文化产品。这也就是说，我们不能仅仅满足于把文化"送出去"，更要"卖出去"，以市场的方式传播中华文化。因为将中华文化"卖出去"是比"送出去"更能推动中华文化走向世界的方式。

人才需要发挥才能的阵地。政府和各相关机构应提升服务能力，千方百计为"走出去"的文化产品开辟绿色通道，同时加强商贸和法律方面的指导，为文化企业和单位保驾护航。同时推动多种融资方式，可以采用独资、合资、控股、参股等多种形式，铺设国内外的文化输出平台，打造具有国际影响力的中华文化贸易平台，把中华文化产品"卖出去"。中华文化产业还要实施品牌战略，打造出一批精品，形成系列和规模，并以优质的产品、出色的服务和中国的理念，凝聚中华文化产品的冲击力量。

政府还应积极引导、鼓励民间资本、社会资本参与到向世界"卖文化"的行列之中，并发挥其灵活机动的优势，与国家资本相辅相成，互为补充。这样既能扩大中华文化"走出去"的范围，也能形成合力、形成规模，凝练品牌和知名度，共同创造社会效益，分享经济效益，增强国际竞争力。

三、第三阶段：买回去并融进去

中华文化产品真正走向世界的标志，当然不是仅仅将文化产品"卖出去"及在西方文化市场上能看到中国的文化产品，而是让外国人愿意主动买回去，让中华文化产品成为外国人身边的日用品、必需品。换句话说，使中华文化成为外国人日常生活中自然的存在，像柴米油盐醋一样的生活必需品。而要实现这一目标，还得能让中华文化产品"融进去"。中华文化"融进世界文化"的基本要求是"要跳出华人圈子，深入西方主流社会"，就是说不能满足于让中华文化产品的影响仅限于海外华人的生活圈，更要设法让中华文化产品成为西方人生活中不可或缺的一部分。现在，通过孔子学院、海外演出、展览等途径，我们送出去、卖出去的文化已经为中华文化融入外国人的生活做了很好的铺垫，已培育了一批喜欢中华文化、理解中华文化的西方受众，这为中华文化企业创造和传输能够融入海外世界的文化产品创造了有利的环境和条件。

近年来，为了推动中华文化产品"融入"西方主流社会，中国政府也一直在努力，如设立境外文化处，扶持培育文化出口重点企业、重点项目，包括打造国际知名大型出版传媒企业。这些举措无疑会有益于中华文化产品融入西方市场。随着中华文化贸易的逐步深入，随着中华文化逐步融入全球文化与经济一体化的大世界，中华文化产业"融进世界"的脚步一定会越来越快。

参考文献

[1] 白宏钟 . 汉语国际教育与中华文化传播 [M]. 保定：河北大学出版社，2020.

[2] 陈爽 . 汉语国际教育与中华文化国际传播 [M]. 长春：吉林文史出版社，2020.

[3] 谢清果 . 中华文化海外传播的新境界 [M]. 北京：中国戏剧出版社，2020.

[4] 刘淑妍，陈毅立，刘怡菲 . "一带一路"与中华语言文化国际传播 [M]. 上海：同济大学出版社，2020.

[5] 杨延从 . 用英语传播中华优秀传统文化 [M]. 东营：中国石油大学出版社，2020.

[6] 田杰 . 轴心时代的中华礼乐文明传播 [M]. 北京：知识产权出版社，2020.

[7] 高明乐 . 翻译与传播 [M]. 北京：社会科学文献出版社，2020.

[8] 谢清果 .《论语》的传播思想 [M]. 北京：九州出版社，2020.

[9] 胡钰，薛静 . 文创理念与当代中国文化传播 [M]. 北京：光明日报出版社，2020.

[10] 尹飞鹏 . 中华善字经 [M]. 上海：上海大学出版社，2020.

[11] 孙宜学 . "一带一路"与中华文化国际传播 [M]. 上海：同济大学出版社，2019.

[12] 衣永刚，张雪梅 . 中华文化海外传播的理论研究与实践探索 [M]. 北京：光明日报出版社，2019.

[13] 吉峰 . 华夏文明传播研究文库 中华传统文化传播研究举隅 [M]. 北京：九州出版社，2019.

[14] 张恒军，吴秀峰 . 中华文化海外传播 [M]. 北京：中国社会科学出版社，2019.

[15] 赵鑫 . 中华优秀传统文化的大众传播 [M]. 天津：天津社会科学院出版社，2019.

[16] 刘卫华 . 中华优秀传统体育文化对外译介跨文化传播研究 [M]. 成都：电子科技大学出版社，2019.

[17] 孙宜学 . "一带一路"与文化国际传播经典案例 [M]. 上海：同济大学出版社，2019.

[18] 牛新权，丁宁 . 数字文化传播 [M]. 北京：知识产权出版社，2019.

[19] 蔡馥谣 . 中外文化与国际传播研究丛书 国际传播视角下的"中国梦"德国媒体建构研究 [M]. 北京：中国戏剧出版社，2019.

[20] 李晓愚 . 中华文化故事 汉字的故事 [M]. 南京：译林出版社，2019.

[21] 丁超 .20 世纪中国古代文化经典在中东欧国家的传播编年 [M]. 郑州：大象出版社，2019.

[22] 韩晓燕 . 新媒体环境下优秀传统文化传播机制研究 [M]. 北京：经济日报出版社，2019.

[23] 赵君香 . 中华文化传承与国际传播研究 [M]. 济南：山东大学出版社，2018.

[24] 孙宜学 . "一带一路"与中华文化国际传播丛书 "一带一路"与海外华文教育 [M]. 上海：同济大学出版社，2018.

[25] 张禹东，陈景熙 . 华人社团与中华文化传播 [M]. 北京：社会科学文献出版社，2018.

[26] 田秋霞 . 中华传统文化的大众媒介传播 [M]. 长春：吉林大学出版社，2018.

[27] 傅秋爽 . 北京中华优秀传统文化传承与传播创新研究 [M]. 北京：中国社会科学出版社，2018.

[28] 尹凤先 . 跨文化传播教育研究 [M]. 北京：九州出版社，2018.

[29] 苏莹莹 .20 世纪中国古代文化经典在东南亚的传播编年 [M]. 郑州：大象出版社，2018.

[30] 陆通 . 中华优秀传统文化与文化自信 [M]. 吉林出版集团股份有限公司，2018.